ブラジルの校長直接選挙

——教職員と保護者と児童生徒みんなで
校長を選ぶことの意味

田村徳子 著

東信堂

ブラジルの校長直接選挙

教職員と保護者と児童生徒みんなで校長を選ぶことの意味

序　章

研究の目的と課題

1　問題関心

　ブラジル連邦共和国（以下、ブラジル）の公立初等中等学校では、教員、職員、保護者、児童生徒による直接選挙で校長を選考する、校長直接選挙（Eleição Direta para Diretor Escolar）と呼ばれる制度が存在している。本書は、この世界的にも珍しい校長採用制度について、歴史的、実態的に検討するものである。

　昨今、世界各国で民主主義が普及するなか、選挙は、一般市民が政治に参加するもっとも身近な手段として、民主主義国家には欠かせない仕組みとみなされている。しかし、一方で、近年実施されたスコットランドの独立を問う住民投票（2014 年）や、イギリス（グレートブリテンおよび北アイルランド連合王国）の EU 離脱を問う国民投票（2016 年）、コロンビア共和国の和平合意をめぐる国民投票（2016 年）、スペイン王国からの独立を問うカタルーニャ自治州の住民投票（2017 年）では、選挙の結果をめぐり、さまざまな物議を醸した[1]。それは、政治の専門知識をもたない一般の有権者が下した結論が、果たして「正しい」結論であったのかという議論である。そのなかには、「民意」とされる選挙結果が、メディアの情報操作によって、特定の政治的思想に有利なようにつくりあげられたものだとする指摘もある[2]。

　こうした選挙をめぐる議論は、政治以外の場面でも生じている。組織の代表者選びに選挙が用いられている事例として、たとえば、日本の国立大学の例をみてみると、その 9 割以上が学長の選考方法として、学内意向投票を

用いている³。こうした意向投票は、大学の代表を教職員で選ぶという民主的プロセスとして評価されている一方で[4]、実際に選出される人材が、医学部に代表される特定の学部出身者に偏っているなど、学部間の力学が働いていることが指摘されている[5]。

こうした選挙をめぐる問題点を念頭に置きながら、ブラジルの校長直接選挙に立ち返ってみる。近年のブラジルの教育の状況をみると、諸外国と同様に、1990 年代からの教育改革のなかで、学校裁量権の拡大や学力調査の実施、家庭や地域社会の学校参加などが図られている。それに伴い、校長採用には、それにふさわしい資質・能力を備えた人材を選びだす仕組みが必要とされている。こうした状況に、上述の選挙をめぐる問題点を照らしあわせてみると、ブラジルの校長直接選挙制度に対し、つぎのような疑問が生じてくる。それは、校長直接選挙制度によって、果たして、校長として適切な人材を選考できているのかといった疑問である。たとえば、「人気取り政治」と揶揄されるポピュリズム政治のように[6]、保護者や児童生徒の要望を取り入れた候補者が支持を受け、校長としてもつべき資質・能力をもちあわせていない人材が校長に採用されるといったことはおきないのだろうか。もし、実際にそういうことがおきている、あるいはおきる可能性があるのだとすれば、なぜこのような制度を用いて、校長を採用しているのだろうか。

2　研究目的と課題

以上のような問題関心のもと、本研究では、ブラジルで校長直接選挙が実践されることの意味を明らかにすることを目的とする。そのために、以下の3 つの課題を設定する。

1 つめの課題は、ブラジルの校長直接選挙制度の歴史的経緯を明らかにすることである。校長直接選挙という世界的にも類まれなる校長採用制度がなぜブラジルで誕生したのか、そしてどのような経緯で展開したのか。その歴史的経緯を明らかにすることは、校長直接選挙制度を支えるブラジルの民主主義の捉え方や教育観を把握するうえで重要であると考える。

　2つめの課題は、ブラジルの校長直接選挙制度の現状を明らかにすることである。1つめの課題によって明らかにされる歴史的経緯を経て、現在、校長直接選挙制度はどのように変化し、そして、どのように受容されているのか。その実態を捉えることは、現在のブラジルで校長直接選挙が実践される理由を理解する手がかりになると考える。そして、それはつぎに示す3つめの課題を明らかにすることにもつながる。

　3つめの課題は、ブラジルの校長直接選挙制度の機能を明らかにすることである。校長を選ぶために、なぜあえて校長直接選挙という制度を用いるのか。そこには、他の選考制度よりも、校長直接選挙制度を用いた方が「得になる」何かしらのメリットがあるからだと想定される。校長直接選挙制度が果たす機能を明らかにすることは、校長直接選挙制度が存在する理由を把握するうえで不可欠であると考える。

　これら3つの課題を明らかにすることをとおして、ブラジルで校長直接選挙が実践されることの意味を明らかにする。そして、そのことには、つぎのような意義があると考える。

　1つめは、日本の校長研究に対する意義である。本書で扱う校長直接選挙制度は、これまで日本の教育界のなかでは認知されてこなかった校長採用制度である。こうしたブラジルの校長直接選挙制度を研究対象とすることで、これまで欧米諸国やアジア諸国中心に研究されてきた日本の校長研究に対し、ラテンアメリカ諸国の知見を提供できると考える。

　2つめは、家庭や地域社会の学校参加に関する研究への意義である。校長直接選挙は、教職員という教育の専門家と、保護者や児童生徒という教育の非専門家が共同で意思決定をおこなう制度である。こうした制度の実践を明らかにすることは、教育政策学、教育経営学に対して、教育における専門性の確保とレイマンコントロール（素人統制）の観点から、保護者や児童生徒の参加の意義を考察する際の新たな視座を提供できると考える。

　3つめは、ブラジルの教育理解に対する意義である。これまでの日本におけるブラジル研究は、パウロ・フレイレや移民の教育が主要なテーマとなっていた。これに対し、本書は、これまでほとんど目を向けられることのな

かったブラジルの教育制度を提示することができ、それはブラジルの教育に対する理解を深める一助となると考える。

3　先行研究の検討

つぎに先行研究を検討する。まず、日本にはラテンアメリカ諸国の教育研究自体少なく、ブラジルの教育研究に限っては、さらに限定されている。そのなかで代表的なブラジルの教育研究としては、1990年代の教育改革を扱った江原の研究[7]や、民衆教育を扱った二井の研究[8]、NGO の教育活動を扱った田村梨花の研究[9]、高等教育を扱った山口と塚原の研究[10]などがある。これらを含め、日本におけるブラジルの教育研究は、民衆教育やその理念を取り入れた NGO、パウロ・フレイレ、移民の子どもといったテーマが主流となっており、ブラジルの校長直接選挙制度に関する研究は、ほぼ皆無である。そのなかでも、江原の研究[11]では、1990年代の教育改革における教育の分権化（市営化）と学校の自律性の拡大のなかで、校長直接選挙に言及している。また、教育の民主化を扱った山元の研究[12]や、ポルトアレグレ市（リオグランデドスール州）での学校の民主化の取り組みを扱った高山の研究[13]においても、校長直接選挙に言及している。しかし、これらの研究では、単なる校長直接選挙の存在の提示に留まっており、校長直接選挙に関する具体的な議論はなされていない。

　一方で、外国語文献をみてみると、英語文献においても、日本語文献と同様、校長直接選挙に言及する文献がいくつか存在するものの、校長直接選挙制度そのものをテーマにした研究はごくわずかしかない。たとえば、Myers の研究[14]では、ポルトアレグレ市の教員を対象に調査をおこない、校長直接選挙制度が教員の教授活動に有効に働いていることを明らかにしている。また、Grindle の研究[15]では、ミナスジェライス州における1990年代の校長直接選挙制度の導入経緯を分析し、校長直接選挙の制度が、当時の州知事と教員組合、労働者党（Partido dos Trabalhadores: PT）、公教育教員連盟、校長連盟などのいくつもの組織が関わる複雑な駆け引きのなかで導入されたこと

を明らかにしている。しかし、こうした研究においても、校長直接選挙の制
度そのものの検討や、その運用のされ方に関しては検討されていない。

　そこで、ブラジル国内の研究に目を向けてみると、そこには多くの校長直
接選挙に関する研究が存在している。なかでも、連邦レベルや州、市レベル
における校長直接選挙に関する政策文書のなかで必ずといっていいほど引用
されるサンパウロ大学の教授 Paro の研究 [16] では、校長直接選挙に関する主
要な論文を分析しながら、校長直接選挙制度の導入や法令化、実施状況に
ついて分析し、校長直接選挙を求める教員の運動と、それを阻もうとする
州知事や市長、議員との政治的論争が論議されている。そのうえで、校長
直接選挙をもっとも民主的な校長採用制度と捉え、推進すべきものとの主
張がなされている。その他にも、校長直接選挙について、パラナ州を扱っ
た Wachowicz の研究 [17] や Zabot の研究 [18]、ゴイアス州を扱った Dourado の
研究 [19] や Calça の研究 [20]、リオグランデドスール州を扱った de Castro *et.al.*
の研究 [21] などがあり、それらは 1980 年代から 1990 年代を中心として、ブ
ラジルの各地の校長直接選挙に関する研究をおこなっている。こうしたブラ
ジルにおける校長直接選挙に関する諸研究は、学校教育における民主主義の
確立に向けた、校長直接選挙を求める教員の労働運動と、それに対する政治
家との対立が議論の中心となっており、やはり、制度やその運用のされ方と
いった、校長直接選挙の実態にまでふみ込んだ議論はなされてこなかった。

　一方、校長直接選挙に限定せずに、日本における校長研究についても検
討してみる。すると、東京都の校長採用について扱った荒井の研究 [22] では、
これまでの校長採用が、特定の集団による不透明な過程のなかでおこなわれ
てきたことを批判したうえで、校長採用における保護者や地域住民の直接参
加の必要性が主張されている。また、諸外国の校長採用を扱った研究には、
アメリカ合衆国 (以下、アメリカ)、イギリス (イングランド [23])、ドイツ連邦
共和国 (以下、ドイツ)、フランス共和国 (以下、フランス)、中華人民共和国
(以下、中国) を対象とした小島らの研究 [24] や、校長養成制度を扱った研究
として、アメリカ、イギリス、ドイツ、中国、台湾、シンガポール共和国、
大韓民国を対象とした篠原らの研究 [25] や、アメリカの校長を扱った浜田の

研究[26]がある。また、スクールリーダーシップに関する研究として、小島らの研究[27]や、露口の研究[28]、中留の研究[29]に代表される研究がいくつも蓄積されている。このように、日本では、これまで校長研究が豊富になされてきたものの、その対象の中心は日本や欧米、あるいは近隣のアジア諸国に限定したものであり、ブラジルを含め、ラテンアメリカ諸国についてはほとんど研究されず、校長直接選挙というブラジルの校長採用制度については着目されることはなかった。

4　本書の構成

　本書の構成はつぎのとおりである、第1章はブラジルにおける校長像についての整理、第2章は諸外国の校長採用制度からみるブラジルの校長直接選挙制度の特殊性の検討、第3章はブラジルの校長直接選挙制度の歴史的検討、第4章から第6章は校長直接選挙制度の実態的検討である。分析にあたっては、論文や法令、新聞、インターネットから得られる情報と、ブラジル現地での聞き取り調査で得られた情報を用いる。

　本書の具体的な構成はつぎのとおりである。第1章では、ブラジルにおける校長像について検討する。校長という職がブラジル社会のなかでどのような存在であるのか、その制度的位置や採用方法、他国の校長と比較しての特徴を分析する。

　第2章では、フランス、日本、アメリカ、イギリスの校長採用制度を分析し、校長採用制度における教職員、保護者、児童生徒の参加の論理を検討する。そしてその論理に、第1章で言及するブラジルの校長採用制度と照らしあわせることで、その校長直接選挙制度の特殊性を指摘する。

　第3章では、ブラジルにおける校長直接選挙制度の歴史的経緯について分析する。具体的には、1980年代の校長直接選挙制度の誕生と、ブラジルの社会に底流する思想・実践との関係を検討する。そして、1990年代以降の普及状況と、地域的展開について検討し、その歴史的展開からみる校長直接選挙制度の論理を考察する。

　第4章では、近年（2000年代以降）の校長直接選挙制度の動向について検討する。具体的には、校長直接選挙制度の全国的な傾向を俯瞰的にみるとともに、1980年代にブラジルで最初に校長直接選挙制度を導入して以来、30年以上に亘って校長直接選挙を実践しつづけているパラナ州と、2000年代に入ってから本格的に校長直接選挙制度を本格導入したパラー州に着目し、両州の校長直接選挙制度の動向について検討する。

　第5章および第6章では、現地でおこなった教育行政と校長への聞き取り調査で得られた情報にもとづいて、パラナ州とパラー州それぞれにおける校長直接選挙の実践状況を検討する。これによって、それぞれの州における校長直接選挙制度の機能について明らかにする。

　そして終章では、これまでの議論から、ブラジルにおける校長直接選挙制度の歴史的経緯と現状を整理し、これらを総合的に検討することをとおして、ブラジルで校長直接選挙が実践されることの意味を明らかにする。

　なお、本研究で議論する対象は、公立学校の初等教育段階から中等教育段階までとする。また、ブラジルの校長直接選挙制度に関わる組織には、制度を法令化する議会、その法令の妥当性を判断する司法、その法令を実践する行政、そしてそれを現場で運用する学校がある。本書でも、それらの視点を取り入れた議論を試みる。なお、学校においては、教員、職員、保護者、児童生徒など、さまざまな立場が存在している。こうしたなか、本書では、特に校長の視点に着目しながら、検討する。

5　用語の説明

　ここで、本書で使用する用語について説明を加えておく。言及しておきたい用語は「任命」、「任用」、「採用」、「選考」、「競争試験」である。これらの用語は、日本の地方公務員法（以下、地公法）でも用いられているものである。本書でも、辞書的な定義に加え、地公法の定義を適宜、参照しつつ、これらの用語を定義づけておく。まず、広辞苑によれば、「任命」は「ある官職や役目に就くよう命じること」、「任用」は「人をある職務に就かせて用いること」と定

義され、ほぼ同じ意味で用いられている。一方、地公法では、「任用」には「採用」、「昇任」、「降任」、「転任」の4つがあるとされ（地公法第15条の2）、「採用」は「職員以外の者を職員の職に任命すること」と定義されている[30]。そして、採用には、「競争試験」と「選考」があるとされている（地公法第17条の2）。「競争試験」と「選考」の違いは、「競争試験」が職務遂行能力を相対的に判定するものであるのに対し、「選考」が職務遂行能力の有無を選考の基準に適合しているかどうかにもとづいて判定するものであるというところにある[31]。

　本書においても、ブラジルの校長採用の方法には、「競争試験（Concurso Público）」と「選考」があるとし、「選考」には、「指名」、「校長直接選挙」、「その他（試験や認定などの審査）」の3つがあり、それぞれに制度があるものとする。それらの関係を示したものが図0-1である。

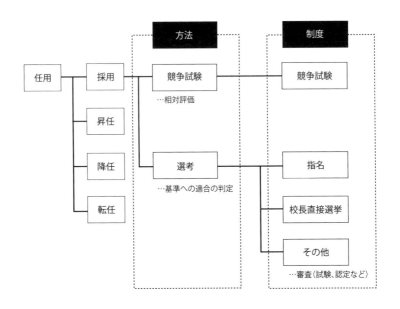

図0-1　ブラジルの校長任用に関わる用語の関係

出所：地方公務員法を参考に、筆者作成。

6　ブラジルの基礎情報と教育状況

(1) ブラジルの基礎情報

　ブラジルは、南米大陸のほぼ中央部に位置し、世界でも 5 番目の広さと
なる約 851 万 km² もの国土面積を有している。26 州と 1 連邦直轄区からなる
連邦制をとり、**図 0-2** のように (1) アマゾン地帯が広がる北部、(2) 干ばつ地
帯が広がる北東部、(3) 首都ブラジリア（連邦直轄区）が所在する中西部、(4)
サンパウロ州やミナスジェライス州など、経済的に発展した州を有する南東
部、(5) ヨーロッパ文化が広がる南部の 5 つの地域がある [32]。これらの地域
は大きくみると、北と南で様相が異なっており、南部と南東部、中西部があ
る南の地域では、小規模で近代化された農業や工業が発展しているのに対し、
北部および北東部がある北の地域では、ファゼンダと呼ばれる大規模農業が

図 0-2　ブラジルの行政区分

出所：ブラジルの地図 - マップブラジル（https://ja.maps-brazil.com/ ブラジルの地図－地域）より、筆者加筆・修正。

展開されている。約2億人の人口の人種構成（2015年）は、白人45.2%、混血45.1%、黒人8.9%、黄色人種0.5%、先住民0.4%であり[33]、言語は、公用語のポルトガル語の他に、約190の先住民言語が存在している[34]。宗教は、人口の約65%がカトリックで、ついで約22%がプロテスタントである[35]。また、所得分配の不平等さを表すジニ係数が49.7（2014年）と、150か国中19位に位置づけられるほど[36]、世界でも有数の貧富の差を抱える国である。「コントラストのブラジル」と称されるように[37]、先進性と後進性、富裕と貧困、ヨーロッパ文化と先住民やアフリカ系文化といった2つの側面をあわせもっているのがブラジルの特徴である。

(2) ブラジルの教育制度

ブラジルの教育行政は、中央教育行政機関として連邦教育省（Ministério da Educação: MEC）、地方教育行政機関として州教育局（Secretaria Estadual de Educação）と市教育局（Secretaria Municipal de Educação）が設置されている。各機関の役割としては、大まかにみると、連邦教育省は国家の教育計画の策定や高等教育、州教育局は中等教育、市教育局は初等教育と就学前教育を担っている。学校は、設置主体別に、公立学校（連邦立、州立、市立）と私立学校がある。

ブラジルの教育制度は、1971年に制定された「初等中等教育改革法」によって、初等教育8年、中等教育3〜4年の、8-3（4）制をとるようになった[38]。1996年に制定された「教育の方針と基礎に関する法律」（以下、96年教育基本法）は、段階的に修正法がだされ、初等・前期中等教育期間の拡大（8年間から9年間）や義務教育期間の拡大（9年間から14年間）が図られている。2006年の修正法を経た現在のブラジルの学校体系は、就学前教育（0〜5歳）、初等・前期中等教育（6〜14歳）、後期中等教育（15〜17歳）、高等教育（18歳以上）から構成されている（図0-3参照）。公立学校は、就学前教育から大学まで無償で、制度上は、経済的に厳しい家庭の子どもでも学校に通うことが可能となっている。

就学前教育としては、0〜3歳の子どもが通う保育園（Creche）と、4〜5

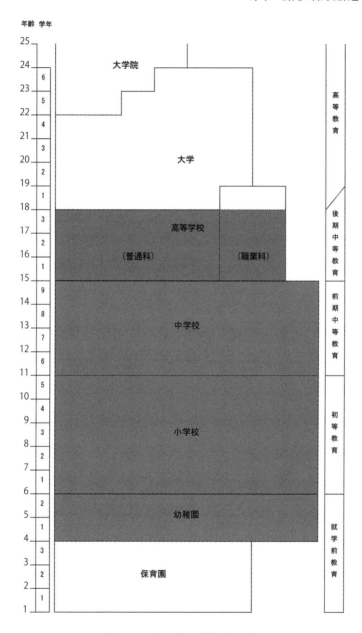

図 0-3　ブラジルの学校系統図

出所：文部科学省（編）『世界の学校体系』ぎょうせい、2017 年、138 頁を参考に、筆者作成。
註：網掛け部分は、義務教育の対象年齢の期間を示している。

歳の子どもが通う幼稚園 (Pre-escola) がある。就学前教育は従来、義務教育
ではなかったが、2013年の法律で幼稚園段階が義務教育化された。

　小学校と中学校 (Ensino Fundamental) では、96年教育基本法で、ポルトガ
ル語、算数 (数学)、物理・自然の世界、社会・政治的現実に関する各教科、
芸術、体育、英語 (中学校) が必須となったが、その他、地域の特性に応じ
て独自の科目を開講することも可能である (96年教育基本法第26条) [39]。高
等学校にも共通することであるが、二部制や三部制をとるところが多く、一
般的に1授業は50分で、半日で5、6時間の授業を実施している [40]。

　高等学校 (Ensino Médio) は、普通科の他に、技術科と師範科がある。高等
教育に進学するには、大学が個別に実施する入学試験 (Exame de Vestibular) か、
全国中等教育検定試験 (Exame Nacional do Ensino Médio: ENEM) の2とおりの
受験方法がある。

　高等教育の学部レベルには、学士課程 (Bacharel) (4～6年) の他に、教員
養成のためのリセンシアトゥーラ課程 (Licenciatura) (4～6年) と、特定の専
門職の人材養成のための技術課程 (Tecnológico) (2～3年) がある。大学院レ
ベルにおいては、職業資格となる修了証 (Certificado) が取得できるラト・セ
ンス (Lato Sensu) コース (1～2年) と、修士課程や博士課程で学位が取得で
きるストリクト・センス (Stricto Sensu) コースがある。

(3) ブラジルの教育状況

　ブラジルでは、1985年の民政移管後初めて制定された憲法 (1988年) を基
盤として、1990年代に一連の教育改革がおこなわれ、2000年代はじめには
初等教育はほぼ普遍化している (2015年純就学率92.7%) [41]。これは、教育財
政の整備を基盤とした教育の分権化 (市営化) や学校の自律化、多様なセク
ターの連携や学校の民主的運営、地域社会の参加が推進されたことに加え、
貧困層向けの社会政策である条件づけ現金給付政策のボルサ・ファミリア・
プログラムの成果によるところも大きいとされる [42]。しかし、こうした就
学率向上が図られる一方で、教育の質は依然として課題となっている。

　学力に関して、OECDの国際学力調査PISAの2015年において、70か国

中、数学的リテラシーは 65 位、読解力は 59 位、科学的リテラシーは 63 位
と、世界的にも極めて低い水準であることが示された[43]。一方、国内の学
力調査をみてみると、州間、地域間の格差があることがわかる。**図 0-4** は、
国家教育調査研究所（Instituto Nacional de Estudos e Pesquisas Educacionais Anísio
Teixeira: INEP）の基礎教育評価システム（Sistema de Avaliação da Educação Básica:
SAEB）が 2 年に 1 度実施している全国学力試験のうち、小学校 5 年生のポル
トガル語と算数の結果を州ごとに示したものである。この結果からもわかる
とおり、ブラジルでは、南東部や南部、中西部の州では成績が高く、北部や
東北部の州は低い傾向にある。こうした州間、地域間の教育格差に加え、公
立学校と私立学校の教育格差も顕著に存在している。先述した大学入試とし

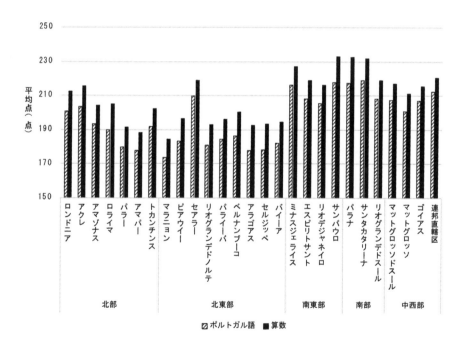

図 0-4　SAEB（2015 年）のポルトガル語と算数の各州の結果（小学 5 年生）

出所：INEP（http://portal.inep.gov.br/artigo/-/asset_publisher/B4AQV9zFY7Bv/content/inep-apresenta-resultados-do-saeb-
prova-brasil-2015/21206　2018 年 3 月 13 日参照）より、筆者作成。

ても用いられる全国中等教育検定試験 (ENEM) の 2015 年の結果では、全国
の成績上位は、サンパウロ州やセアラー州、ミナスジェライス州、リオデ
ジャネイロ州といった特定の州の私立高校が占めている[44]。公立学校に関
しては、ミナスジェライス州にある連邦立大学の附属高校が 33 位につけた
のが最上位である。こうした公立学校と私立学校の質の違いから、中高所得
層の子どもは私立学校に、低所得層の子どもは公立学校に通うという二極化
が生じ、それによって、高校まで質の良い私立学校に通うことができた中高
所得層の家庭の子どもが無償である有名国立大学へ進学し、公立学校にしか
通うことができなかった低所得層の子どもは、大学進学を諦めるか、高い授
業料を支払う私立大学へ進学することを余儀なくされるという状況がおこっ
ている[45]。

注

1　朝日新聞「独立派勝利、続く分断　カタルーニャ州議会選挙　スペイン首相、対
　　話の構え」2017 年 12 月 23 日付、朝刊、東京本社、11 頁。 朝日新聞「(憲法を考
　　える) 国民投票、意思示すには　ルールやあり方に課題」2018 年 2 月 27 日付、朝
　　刊、東京本社、5 頁。朝日新聞「(憲法を考える) 国民投票、経験国からの警鐘
　　首相退陣に追い込まれた英伊を視察、衆院議員団報告書」2018 年 1 月 30 日付、朝
　　刊、東京本社、5 頁など。
2　待鳥聡史『代議制民主主義:「民意」と「政治家」を問い直す』中央公論新社、
　　2015 年、92-98 頁。
3　中央教育審議会『(資料 6) 国立大学の学長選考方法について』2013 年 10 月 29
　　日、大学分科会組織運営部会 (第 5 回) 配付資料 (http://www.mext.go.jp/b_menu/
　　shingi/chukyo/chukyo4/035/siryo/__icsFiles/afieldfile/2013/11/05/1340990_4.pdf　2018
　　年 3 月 13 日参照)。大学の学長の選考に関しては、国立大学法人法第 12 条におい
　　て、学外有識者も含めた「学長選考会議」によって選考することが定められている。
　　学内意向投票に関しては、学内の投票結果をそのまま反映させるのは、学長とし
　　ての適任者を選ぶうえで適切ではないとする文部科学省からの通知 (文部科学省
　　『学校教育法及び国立大学法人法の一部を改正する法律及び学校教育法施行規則及
　　び国立大学法人法施行規則の一部を改正する省令について (通知)』2016 年 8 月
　　29 日) もあり、学長選考会議の判断の参考に留めておくこともある。実際、福岡
　　教育大学 (2013 年) や、佐賀大学 (2015 年) において、学内投票で 1 位の候補者
　　が学長に選ばれないケースがある (朝日新聞『(ニュース Q3) 慶応新塾長、学内
　　投票 2 位で就任に波紋』2017 年 5 月 30 日付、朝刊、東京本社、37 頁)。

4　朝日新聞『京大総長選挙「廃止の動き」　職員組合が反対会見』2013 年 12 月 21 日付、朝刊、京都市内、29 頁における京都大学職員組合中央執行委員長西牟田祐二氏のコメントより。

5　羽田貴史・金井徹「国立大学長の選考制度に関する研究：選挙制度の定着と学長像」『日本教育行政学会年報』第 36 巻、2010 年、171-172 頁。なお、学長の属性の分析にあたっては、1960 年から 2009 年のデータが用いられている。

6　水島によれば、ポピュリズムには 2 つの定義がある。第 1 の定義は、「固定的な支持基盤を超え、幅広く、国民に直接訴える政治スタイル」、第 2 の定義は、「『人民』の立場から既成政治やエリートを批判する政治運動」である（水島治郎『ポピュリズムとは何か：民主主義の敵か、改革の希望か』中央公論新社、2016 年、6-7 頁）。

7　江原裕美「1990 年代ブラジルの初等教育改革政策」『帝京大学外国語外国文学論集』第 10 号、2004 年、65-98 頁。江原裕美「ブラジル初等教育改革における分権化と学校自律性の強化」『帝京大学外国語外国文学論集』第 11 号、2005 年、57-92 頁。江原裕美「ブラジルにおける初等教育の地方分権化」米村明夫（編著）『貧困の克服と教育発展：メキシコとブラジルの事例研究』明石書店、2007 年、179-210 頁。

8　二井紀美子『ブラジル民衆教育運動研究：パラノア文化発展センターにみる運動の組織化と参加者の変容を中心に』（博士論文）、名古屋大学、2003 年。

9　田村梨花「ブラジル都市貧困地域におけるコミュニティ教育」アジア経済研究所ラテンアメリカ・レポート編集委員会（編）『ラテンアメリカ・レポート』Vol.17, No.1、2000 年、40-50 頁。田村梨花『ブラジルのコミュニティ教育：NGO による教育活動の質的理解をめざして』（ラテンアメリカ研究、No.21）上智大学イベロアメリカ研究所、2001 年。

10　山口アンナ真美・塚原修一「ブラジル高等教育における全国学力試験 ENADE をめぐる対応事例」『大学教育学会誌』第 39 巻、第 1 号、2017 年、135-143 頁。

11　江原、2004 年、前掲書。江原、2005 年、前掲書。

12　山元一洋『ブラジルにおける公教育の民主化：参加をめぐる学校とコミュニティの関係』（ラテンアメリカ研究、No.37）上智大学イベロアメリカ研究所、2012 年。

13　高山敬太「世界の教育事情 ブラジル・ポートアレグレにおける学校民主化の取り組み：『市民学校』プロジェクト」日本教育新聞社（編）『週刊教育資料』第 805 号（2003 年 6 月 9 日号）、2003 年、14-15 頁。

14　Myers, John P. "Democratizing School Authority: Brazilian Teachers' Perceptions of the Election of Principals." *Teaching and Teacher Education: An International Journal of Research and Studies*, Vol.24, No.4, 2008, pp.952-966.

15　Grindle, Merilee Serrill. *Despite the Odds: The Contentious Politics of Education Reform.* New Jersey: Princeton University Press, 2004, pp. 145-151.

16　Paro, Vitor H. *Eleição de Diretores: A Escola Pública Experimenta a Democracia.* São Paulo: Xamã, 2003.

17　Wachowicz, Lílian A. *O Processo de Gestão das Escolas Estaduais de 1º e 2º Graus do Paraná.*

Curitiba, 1991.

18 Zabot, Nircélio. "Eleições para Diretores Escolares: Uma Importante Conquista Democrática." *Revista Brasileira de Administração da Educação*. Vol. 2, No. 1, 1984, pp. 88-91.

19 Dourado, Luiz Fernandes. *Democratização da Escola: Eleições de Diretores, um Caminho?* Dissertação (Mestrado em Educação Escolar Brasileira), Universidade Federal de Goiás, Goiânia, 1990.

20 Calça, Celina Ferreira. *Eleição de Diretor de Escolas e Gestão Democrática: Um Estudo de Caso*. Dissertação (Educação). Pontifícia Universidade Católica de São Paulo, 1993.

21 de Castro, Marta Luz Sisson, Werle, Flávia Obino Corrêa, e Garcia, Maria Mercedes. "Eleição de Diretores: A Experiência do Estado do Rio Grande do Sul." *Revista Brasileira de Administração da Educação*, Vol. 7, No. 1 e 2, 1991, pp.80-102.

22 荒井文昭『教育管理職人事と教育政治：だれが校長人事を決めてきたのか』大月書店、2007 年。

23 これ以降、「イギリス」はイングランドをさす。

24 小島弘道（編著）『校長の資格・養成と大学院の役割』東信堂、2004 年。

25 篠原清昭（編著）『世界の学校管理職養成』ジダイ社、2017 年。

26 浜田博文『「学校の自律性」と校長の新たな役割』一藝社、2007 年。

27 小島弘道・露口健司・淵上克義『スクールリーダーシップ』学文社、2010 年。

28 露口健司『学校組織のリーダーシップ』大学教育出版、2008 年。

29 中留武昭『学校文化を創る校長のリーダーシップ：学校改善への道』エイデル研究所、1998 年。

30 地方公務員法 15 条の 2 において、「昇任」、「降任」、「転任」はつぎのように定められている。すなわち、「昇任」は、「職員をその職員が現に任命されている職より上位の職制上の段階に属する職員の職に任命すること」、「降任」は「職員をその職員が現に任命されている職より下位の職制上の段階に属する職員の職に任命すること」、「転任」は「職員をその職員が現に任命されている職以外の職員の職に任命することであって前二号（「昇任」および「降任」をさす）に定めるものに該当しないもの」（括弧内の記述は筆者加筆）である。

31 有倉遼吉・天城勲『教育關係法Ⅱ』日本評論新社、1958 年、433 頁、498-499 頁。

32 イシ，アンジェロ「一国の中にある五つの大陸：格差社会の縮図」『ブラジルを知るための 56 章』（第 2 版）明石書店、2010 年、18-21 頁。

33 ブラジル地理統計院（IBGE）がおこなう全国家計調査（Pesquisa Nacional por Amostra de Domicílios：PNAD）2010 年のデータより（https://ww2.ibge.gov.br/home/estatistica/populacao/censo2010/default.shtm　2018 年 3 月 13 日参照）。

34 黒澤直俊「ブラジルの言語」富野幹雄・住田育法（編）『ブラジル学を学ぶ人のために』世界思想社、2002 年、181-182 頁。

35 ブラジル地理統計院（IBGE）の 2010 年データより（https://noticias.uol.com.br/cotidiano/ultimas-noticias/2012/06/29/populacao-evangelica-passa-de-154-para-222-em-

10-anos-e-atinge-423-milhoes-em-2010.htm　2018 年 3 月 13 日参照)。

36　CIA (Central Intelligence Agency). The World Factbook. (https://www.cia.gov/library/publications/the-world-factbook/rankorder/2172rank.html　2018 年 3 月 13 日参照)

37　住田育法「ブラジル」国本伊代・中川文雄 (編)『ラテンアメリカ研究への招待』新評論、2005 年、303-304 頁。

38　西井麻美「ブラジルにおける 1967 年憲法から 1988 年憲法への移行に伴う基礎教育政策の転換：社会発展の観点に着目して」『ノートルダム清心女子大学紀要.文化学編』第 20 巻、第 1 号、1996 年、16 頁。

39　1996 年制定「教育の方針と基礎に関する法律」の内容に関しては、江原裕美・田島久歳「資料　ブラジル連邦共和国の教育基本法」『帝京法学』第 21 巻、第 1 号、1999 年、13-57 頁を参照している。

40　近年は、ブラジルにおいても全日制の導入が推進されている (田村梨花「ブラジルにおける包括的教育の概念と実践に関する一考察」『ラテン・アメリカ論集』第 49 号、2015 年、61-78 頁)。

41　UNESCO Institute for Statistics. (http://uis.unesco.org/country/BR　2018 年 3 月 13 日参照)

42　米村明夫・受田宏之「メキシコとブラジルの就学促進のための家計補助プログラム：評価研究の結果とその批判的検討」米村明夫 (編著)『貧困の克服と教育発展：メキシコとブラジルの事例研究』明石書店、2007 年、53-68 頁。

43　OECD. *PISA 2015 Results in Focus*. 2018. (https://www.oecd.org/pisa/pisa-2015-results-in-focus.pdf　2018 年 3 月 13 日参照)

44　Globo. (http://especiais.g1.globo.com/educacao/enem/2015/enem-2015-medias-por-escola/　2018 年 3 月 13 日参照)

45　国家教育調査研究所 (INEP) によれば、ブラジルの全高等教育機関 2,364 校のうち、2,069 校 (87.5％) が私立であり、学生の 75％以上が私立の高等教育機関に通っている (2015 年) (INEP. Censo e Sinopse Estatísticas do Ensino Superior.　http://inep.gov.br/sinopses-estatisticas-da-educacao-superior　2018 年 3 月 13 日参照)。

第1章

ブラジルにおける校長像

はじめに

　一言に校長といっても、そのあり様は国や地域によって千差万別である。たとえば、学校における位置づけに関しても、教育者であるのか、経営者であるのか、行政官であるのかなど、その捉え方はさまざまである。その社会にとって校長とはどのような存在であるのか。それは、その国・地域の教育のあり方に深く関連しているのである。

　本章では、ブラジルで校長直接選挙制度が導入された社会的、教育的背景を理解すべく、1980年代後半から1990年代の社会や教育をめぐる動きに着目し、ブラジルにおける一般的な校長像を捉えることを試みる。第1節では、ブラジルにおける校長の位置づけを検討する。つづく第2節では、1990年代を中心に実施された初等教育改革を経ての校長の権限について分析する。第3節では、他国と校長の属性等を比較することで、ブラジルの校長の特徴を捉える。そして第4節でそれらを総合的に考察して、ブラジルにおける一般的な校長像を捉える。

1　ブラジルの校長の位置づけ

(1)ブラジルの学校運営組織

　本節ではまず、ブラジルにおける校長の位置づけについて検討する。それに先立ち、ブラジルの学校運営に関わる組織・集団について整理しておきた

い。ブラジルの学校には、大まかに区分すると、つぎの6つの組織・集団が学校運営に関わっている。それは、(1) 管理職である校長や副校長、(2) 管理職や教員、児童生徒、保護者に対して専門的アドバイスをおこなう教育専門士(Especialista)、(3) 授業をおこなう教員、(4) 校長や副校長、教員、職員、児童生徒、地域住民の代表者で構成され、学校の教育的、運営的、財政的事項についての諮問・審議・監督をおこなう学校評議会 (Conselho Escolar)、(5) 保護者で構成され、同じく学校運営に関する諮問・審議・監督をおこなう保護者組織、(6) その他、学校の維持管理を支える事務員や清掃、給食等の職員である。

　このうち、後の校長との関連から、(2) 教育専門士と (3) 教員について、説明を加えておくと、教育専門士には、教員に教授的アドバイスをする教育コーディネーター (Coordenador Pedagógico) や、児童生徒や保護者へアドバイスをおこなう教育オリエンター (Orientador Educacional)、教育行政の立場から校長や教員にアドバイスをおこなう教育スーパーバイザー (Supervisor de Ensino) がおり、校長や副校長とともに、教員や保護者、児童生徒を支援する立場にある。これら教育専門士や教員になるには、州や市が実施する競争試験に合格する必要がある。それぞれの受験資格は州や市で異なっているが、傾向としては、教育専門士の場合は、後述の大学の教員養成課程の「教育学」専攻を修了していること、あるいは「教育学」ではなく別の専攻を修了していた場合でも、大学院の修士課程および博士課程で教育関連分野の学位を取得していれば資格となり得ることもある。一方、教員の場合は、大学の教員養成課程を修了していることの他にも、中等教育に設置されている師範コースを修了すれば、就学前教育から初等教育 (5年生) までの教授資格を取得することができる。

　ブラジルの教員養成課程について補足しておくと、高等教育の教員養成課程には、「教育学」専攻の他に、「数学」や「国語 (ポルトガル語)」、「生物」、「地理」、「歴史」、「体育」など、教科の専攻が設置されている。教員養成課程修了後には、「リセンシアトゥーラ (Licenciatura)」と呼ばれる職業資格が与えられる。「教育学」専攻の修了者には就学前教育と初等教育 (1年生から5年生)

の教授資格が、特定の科目の専攻修了者には初等教育と中等教育の教授資格が与えられる。教育調査研究所（INEP）の統計によれば、2015年の時点で、教員養成課程には、高等教育の学部レベルの全登録者数の約18.4%にあたる147万1,930人が登録しており[1]、うち71.6%を女性が占めている。そのなかで「教育学」専攻の登録者数は圧倒的に多く、約65万人にも及ぶ。ついで「体育」が約15万人、「生物」、「歴史」が約9万人となっている[2]。

（2）校長の身分・資格・採用

　校長は、ポルトガル語で「指揮する人」、「管理する人」の意味をもつDiretor（英語のDirectorに相当）、あるいは同じく「管理する人」「運営する人」の意味をもつGestor（英語のManagerに相当）と称されている。この呼び名からもわかるとおり、校長は、授業をおこなう人（＝教員）ではなく、学校を運営する人とみなされている。実際に、校長は教員（Professor）とは異なり、授業をおこなうことはない。

　校長の資格に関しては、校長免許はなく、一般的には大学の教員養成課程、特に「教育学」専攻を修了していることが求められる。これは、1968年制定の「高等教育の組織と機能の基準および中等教育学校との接続を定める法」（1968年11月28日付法令第5540号）[3]や、1996年の「教育の方針と基礎に関する法律」（1996年12月20日付法令第9394号、以下、96年教育基本法）のなかでも規定されているものである[4]。あるいは、博士課程や修士課程とは別に大学院に設置されている、職業資格となる修了証が取得できるラト・センスコースのなかの「学校運営」に関わるコースなどを修了することも校長の資格となる場合もある[5]。

　校長の採用方法については、教員が競争試験によって採用されているのとは異なり、州や市によってさまざまである。というのも、校長は公務における臨時管理職（Cargo em Comissão）とされているため[6]、行政のトップである州知事もしくは市長の権限で自由に任用できると解釈されているからである。Marésは、1980年代初頭において、4つの校長の採用方法があるとしている。すなわち、(1)キャリアによる登用、(2)競争試験、(3)行政による自由指名、

(4) 直接選挙である。1つめのキャリアによる登用は、勤務年数や業績など
を基準として、校長の任用をおこなう方法である。この採用方法に関しては、
どの程度普及していたかなどを示すデータはなく、文献資料においても言及
されることはほとんどない。そのため、実際にこの方法で校長任用をおこ
なっていたのは、ごく一部の州や自治体に限られていたと推測される。2つ
めの競争試験は、筆記試験と資格評価を用いて点数化・序列化し、成績の上
位優秀者から採用するものである。この方法による校長任用をおこなってい
る代表的な州には、サンパウロ州がある。サンパウロ州では、1933年に公
布されたサンパウロ教育法典 (1933年法令第5884号) 以降、今日に至るまで
競争試験による校長任用をおこなっている[7]。3つめの行政による自由指名
は、行政が独自の判断によって特定の人物を指名する方法である。4つめの
直接選挙は、教職員・保護者・児童生徒による直接選挙で校長を選ぶ方法で
ある。詳しくは第3章で扱うが、先の競争試験や行政による自由指名が伝
統的な校長任用方法であったのに対し、校長直接選挙は1980年代初頭から
導入された新しい校長採用方法である。従来の校長採用方法においては、選
ばれる人材が厳密なヒエラルキーのなかで指名され、与えられた任務のみに
従事していた。また、求められる能力が固定的であり、厳密な規則や業務の
管理に従う傾向にあり、教育制度を極めて官僚的なものにする一助となった
という批判がある[8]。校長直接選挙の導入背景には、こうした従来からの校
長採用の問題があった。

　現在の校長採用方法の展開状況を把握するうえで、国家教育調査研究所
(INEP) が実施する校長全国調査 (2013年) が手がかりになる。同調査では、
「どのような方法で採用されたか」を問う項目を設定し、(1) 競争試験、(2)
選挙、(3) 指名、(4) 審査、(5) 審査と選挙、(6) 審査と指名、(7) その他の7
つの項目を設定し、調査している。(1) 競争試験は上述のとおりであり、(2)
選挙は校長直接選挙、(3) 指名は、行政に限定せず、だれかによって指名さ
れた場合である。(4) 審査は、(1) 競争試験と類似するものであるが、筆記試
験や資格試験に限らず、面接や教育計画の審査、研修をとおしての認定など、
多様な方法で候補者の資質能力を測ろうとするものである。(5) 審査と選挙

および (6) 審査と指名に関しては、上述の組みあわせである。(7) その他としては、学校内の組織による承認にもとづく現職の継続、あるいは副校長などが校長に登用されるケースなどが考えられる。これらの全国での実施率を高い順からみると、指名 (45.6%)、選挙 (21.0%)、選挙と審査 (12.6%)、競争試験 (7.6%)、指名と審査 (5.2%)、その他 (5.1%)、審査 (3.3%) であった。つまり、指名がブラジルでもっとも主流な校長任用方法であり、ついで選挙となっている。本研究のテーマである選挙に着目するならば、審査との組みあわせも含めるとブラジル全体の約 3 割もの校長に対して用いられていることからも、一般的な方法として広まっていると捉えられる。

(3) 校長の待遇

　参考までに、教職員の待遇面についても確認しておく。salario.com.br は、ブラジル経済省厚生労働局 (旧労働雇用省) が実施した「雇用と失業に関する年次報告 (CAGED)」のデータをもとに、職種別の給与額、労働時間などを提供している。それをもとに、校長と教員、教育専門士 (教育コーディネーター、教育オリエンター、教育スーパーバイザー) の週の平均労働時間と給与額 (2019 年) を示したものが **表 1-1** である。これをみてわかるとおり、教員や教育専門士と比べ、校長は高い給与を得ている。具体的には、小・中学校の校長は月収 3,844.71 レアル (日本円で約 10 万円) であるのに対し、高等学校の校長は月収 7,992.50 レアル (日本円で約 20 万 7 千円) である [9]。これは、小・中学校であれば教員の約 2 倍、教育専門士の約 1.21 倍、高等学校であれば教員の約 3 倍、教育専門士の約 2.6 倍である。ただし、労働時間でみた場合、教員は週 30 時間未満、すなわち 1 日 4 〜 6 時間程度の労働なのに対し、校長や教育専門士は週約 40 時間労働、すなわち 1 日約 8 時間労働である。ブラジルでは、二部制 (午前と午後) や、三部制 (午前と午後と夜間) をとる学校が多く、教員は基本的には自分の授業時間に出勤し、授業が終われば退勤する。したがって教員のなかには、午前中、午後、夜間で、私立学校や民間の塾を含めた別の学校に勤務するものもいる。このことをふまえると、特に小・中学校においては、一概には校長の待遇が良いとはいえない。

表 1-1　ブラジルの教職員の平均労働時間および給与額（2019 年）

	平均労働時間 / 週（時間）	平均給与額 / 月	平均給与額 / 時
校長			
小・中学校	39	R$3,844.71	R$19.54
高等学校	38	R$7,992.50	R$42.07
教員			
小・中学校	29	R$2011.78	R$13.98
高等学校	23	R$2462.59	R$21.28
教育コーディネーター			
小・中学校	39	R$2,999.04	R$15,30
高等学校	39	R$3,250.86	R$16.75
教育オリエンター			
小・中学校	38	R$2,999.91	R$15.72
高等学校	36	R$3,022.97	R$16.76
教育スーパーバイザー			
小・中学校	39	R$2,864.28	R$14.81
高等学校	38	R$3,030.48	R$16.12

出所：Salario.com.br（https://www.salario.com.br/　2019 年 12 月 6 日参照）より、筆者作成。
註：1 レアル＝ 25.96 円（2019 年 12 月 6 日の為替レート）

2　ブラジルの校長の権限：1990年代の初等教育改革と学校裁量権の拡大

（1）1990年代の教育改革の全般概要

　つぎに、ブラジルの校長の権限について、まずは関連する 1990 年代の初等教育改革から検討する。1964 年から軍事政権下にあったブラジルは、1985 年に民政移管を果たすも、「失われた 10 年」と呼ばれる経済停滞に陥っていたこともあり、教育状況は困難な状況にあった。その結果、1990 年代初頭における 15 歳以上の非識字率は 19.7%（1991 年）[10] と、ラテンアメリカ地域の平均 13%（1985-1994 年）[11] と比較しても高い水準にあった。こうした教育状況に対し、1990 年の万人のための教育会議を契機として、1990 年代、とりわけカルドーゾ政権（1995-2003 年）の時期に初等教育の大改革

がおこなわれた。具体的には、1993年の「万人のための教育10カ年計画」、1996年の「教育の方針と基礎に関する法律」（以下、96年教育基本法）、そしてそれらをまとめあげた2001年の「国家教育計画」の制定である。江原は、これらの教育改革の究極の目的が「教育の普遍化と質の向上」にあり、そのために「分権化と学校機能の強化」、つまり「学校の自治力の強化」という理念が据えられていたことを指摘している[12]。そして、その理念を具現化するために、①制度の分権化、②教員の待遇・資質の向上、③教育内容の基準作成、④資金分配の改革、⑤社会政策の統合、⑥調査と評価システムの確立といった、多岐に亘る改革が取り組まれたのである。これらの改革よって、教育課程に関しては、共通カリキュラムにもとづいたうえで、学校独自の活動計画を立てることが求められるようになった。また、予算に関しては、学校が独自に予算を獲得できるようなプログラムも設立されている。一方、人事に関してはというと、競争試験によって教員を採用し、教育行政によって配属されるということが厳密化された。さらに、教育の質の面でいうと、全国学力試験が導入され、その結果が公開されるようになった。このことで、州や市、学校のそれぞれのレベルにおいて、児童生徒の学業達成に関する比較が可能となり、保護者や地域住民が学校を評価しやすくなった。

（2）学校裁量の実際

　以上のように分権化や学校の自律性・自立性が推進されてきたわけであるが、実際はどの程度、学校に裁量があるのだろうか。OECD国際教員指導環境調査（TALIS）が2013年におこなった調査を手がかりとして検討してみたい。同調査では、中学校（6〜9年生）の校長に対して学校裁量権に関する認識を調査している。具体的には、「つぎの項目に対して、この学校で重要な責任をもっているものは？」という質問を設定し、「校長」、「学校運営組織メンバー（校長以外）」、「教員（学校運営組織メンバー以外）」、「市、州、連邦の政府当局」の選択肢から複数回答で尋ねている。**表1-2**はその結果を示したものである。ここからみえるのは、つぎのような実態である。

　第1に、教員の人事（採用、解雇）やカリキュラムに関しては、政府が責任

表 1-2　学校業務における責任の所在

（複数回答可）（単位:%）

		校長	学校運営組織メンバー（校長以外）	教員（学校運営組織メンバー以外）	学校評議会	市、州、連邦の政府当局
人事	教員の採用	36.4	23.1	2.8	4.5	67.1
	教員の解雇または停職	34.8	17.7	0.2	8.8	69.9
給与	教員の初任給（給与体系を含む）の決定	14.7	13.1	0.4	0.25	78.0
	教員の昇給の決定	14.1	13.0	0.45	0.55	78.6
予算	学校内の予算配分の決定	45.8	32.7	8.5	32.6	44.6
カリキュラム	教科書・教材の選定	57.6	70.6	53.5	22.2	22.1
	履修内容（全国的なカリキュラム（学習指導要領）を含む）の決定	31.2	44.8	27.4	13.6	63.9
	履修コースの選定	35.8	32.3	7.8	11.9	66.7

出所：INEP. *Organização para Cooperação e Desenvolvimento Econômico (OCDE) Pesquisa Internacional sobre Ensino e Aprendizagem (TALIS) 2013. Questionário do Diretor Ensino Fundamental 6° ao 9° ano ou 5ª a 8ª série.* (http://download.inep.gov.br/acoes_internacionais/pesquisa_talis/2013/diretor_quest_frequencias.pdf　2017 年 8 月 8 日取得）より、筆者作成。

を担う傾向にあるという点である。第 2 に、予算に関しては、学校内での配分については学校側にもある程度、権限が付与されていること、第 3 に、学校内における校長と他の組織（「学校運営組織メンバー」や「教員」）の関係に着目すると、特に「カリキュラム」に顕著にあらわれているように、校長が絶対的決定者であるわけではないということが捉えられる。これらのことから、90 年代の教育改革で進められた「学校の自治力の強化」は、学校における校長の権限が強化されるというよりも、学校における意思決定が校長以外の他組織の意向を取り入れながらおこなわれるように進められてきたとみることができる。

3　ブラジルの校長の特徴

　これまで、ブラジルの校長の制度的位置や権限について確認してきた。で
は、こうした制度のなかで、実際にはどのような人材が校長となっているの
であろうか。本節では、ブラジルにおける校長の一般的な傾向を明らかにす
る。

　ブラジルの校長の特徴を把握する手がかりとするのは、TALIS の 2013 年
調査結果である。検討にあたっては、同調査の参加国平均に加え、それに参
加するラテンアメリカ諸国であるメキシコとチリ、第 2 章の諸外国の校長
採用制度として扱うアメリカ、イギリス、フランス、日本の結果も参照する。

　前期中等教育段階の教員および校長を対象とした TALIS の 2013 年調査に
よれば、ブラジルの校長の年齢平均は 45.0 歳と、参加国の平均である 51.5
歳と比べても、低いことが示された (図 1-1 参照) [13]。年代別に詳しくみると、
40 歳代以下が全体の約 7 割を占めており、30 歳代以下に限定すると、約 3
割を占めている。このように、諸外国と比べ、比較的若い人材が校長に就任
していることがブラジルの校長の特徴の 1 つであるといえる。

　さらに、同調査における校長の前歴について、調査時点までの教員とし
ての通算勤務年数と、校長以外の管理職としての通算勤務年数を示したも
のが、それぞれ図 1-2 と図 1-3 である。ここから、まず、世界的な校長の傾
向として、約 20 年の教員経験を有していることがわかる。また、ラテンア
メリカ諸国に着目してみると、メキシコでは平均して 23.8 年の教員経験が、
チリでは 25.2 年もの教員経験があり、やはり豊富な教員経験を有するもの
が校長に就任している。これに対し、ブラジルの校長は、教員経験が平均で
14.2 年、校長以外の管理職経験は 6.0 年と、特に教員としての勤務年数につ
いては、世界的な傾向や他のラテンアメリカ諸国の傾向よりも短い。先述の
ブラジルの校長の平均年齢が 45.0 歳であることをふまえてみても、ブラジ
ルでは、校長に対して、さほど教員経験を求めておらず、校長は一定程度の
教育現場での経験を有すれば就任できるような職位であると捉えられる。そ
こには、年功序列や上下関係をあまり重視しないというブラジル文化 [14] も

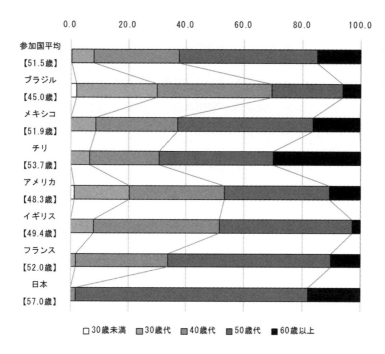

図 1-1　諸外国の校長の年齢の比較

出所：国立教育政策研究所（編）『教員環境の国際比較：OECD 国際教員指導環境調査（TALIS）2013 調査
結果報告書』明石書店、2014 年、94 頁より、筆者作成。

関係しているのかもしれない。

　つぎに、性別について確認する。**表 1-3** をみると、TALIS 参加国の平均
の女性校長の割合が 49.4% であるのに対し、ブラジルの女性校長の割合は
74.5% と高い割合を示していることがわかる。参考までに、女性教員の割合
をみてみると、参加国平均が 68.1% であるのに対し、ブラジルでは 71.1% と、
これもまた高い。しかも、他国では女性教員の割合よりも、女性校長の割合
が低くなるのに対し、ブラジルではその逆で、女性教員の割合よりも女性校
長の割合の方が高くなっている。このように女性校長が多い理由として考え
られることとしては、マチスモ（男性優位主義）の文化がいまだ根強く残るブ
ラジル社会の状況のなかで、教職が伝統的に女性の職業と捉えられてきたこ

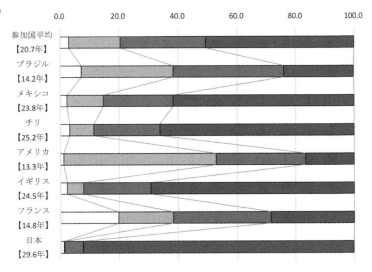

図1-2　教員としての通算勤務年数

出所：国立教育政策研究所（編）『教員環境の国際比較：OECD 国際教員指導環境調査（TALIS）2013 調査結果報告書』明石書店、2014 年、102-103 頁より、筆者作成。

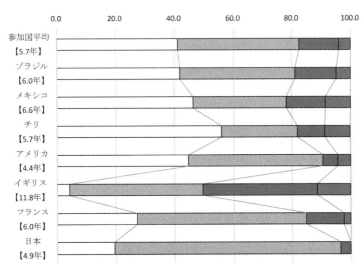

図1-3　校長以外の管理職としての通算勤務年数

出所：国立教育政策研究所（編）『教員環境の国際比較：OECD 国際教員指導環境調査（TALIS）2013 調査結果報告書』明石書店、2014 年、102-103 頁より、筆者作成。

表 1-3　諸外国の女性校長の割合（%）

	女性校長（%）	（参考）女性教員（%）
参加国	49.4	68.1
ブラジル	74.5	71.1
メキシコ	40.8	53.8
チリ	53.4	62.8
アメリカ	48.6	64.4
イギリス	38.1	63.2
フランス	41.7	66.0
日本	6.0	39.0

出所：国立教育政策研究所（編）『教員環境の国際比較：OECD 国際教員指導環境調査（TALIS）2013 調査結果報告書』明石書店、2014 年、94 頁、表 3.7.1 と 52 頁、表 2.1.1 より、筆者作成。

とがあげられる[15]。また、校長の条件として、基本的には高等教育で教員養成課程を修了していることが求められるなか、教員養成課程への入学者の約70%（2016 年）が女性であることも関係していると考えられる[16]。教育段階別の女性教員の割合をみても、小学校（1 〜 5 年）で約91%、中学校（6 〜 9 年）で約75%、高等学校で約65% と、特に低学年で女性が圧倒的に多い[17]。

さらに、校長の最終学歴についてみてみる。同報告書では、UNESCO が提唱する国際教育標準分類（ISCED）にもとづいて、校長の最終学歴を分類している[18]。それを示したものが**表 1-4** である。「Below ISCED 5」は高等学校以下、「ISCED level 5B」は最低 2 年以上の職業教育重視の非大学型高等教育、「ISCED level 5A」は 3 年以上の研究および高度な技術が求められる専門職業教育重視の大学型高等教育、「ISCED level 6」は大学院博士課程に相当する教育である[19]。

まず、参加国の傾向をみると、校長は大学学部・大学院修士課程修了者であることがもっとも一般的であることがわかる。ラテンアメリカ諸国をみても、チリで職業教育重視型の高等教育の修了者（24.5%）が多くなっているものの、全体的な傾向としては、大学学部・大学院修士課程レベルの修了者が多い。この傾向はブラジルでもあてはまり、ブラジルの校長の一般的な学歴

表 1-4 諸外国の校長の最終学歴

	高等学校以下 （ISCED 5 未満）	高等専門学校 （ISCED 5B）	大学学部・ 大学院修士課程 （ISCED 5A）	大学院・ 博士後期課程 （ISCED 6）
参加国	0.6	3.9	92.5	3.2
ブラジル	2.1	1.8	96.1	0.0
メキシコ	0.8	0.0	93.5	5.7
チリ	0.0	24.5	73.4	2.0
アメリカ	0.0	0.0	84.3	15.7
イギリス	0.7	0.0	97.1	2.2
フランス	1.4	12.9	84.8	0.9
日本	0.5	0.4	98.4	0.7

出所：OECD. *The OECD Teaching and Learning International Survey (TALIS) 2013 Results - Excel Figures and Tables.* Table 3.9
（http://www.oecd.org/education/school/talis-excel-figures-and-tables.htm 2018 年 3 月 17 日参照）より、筆者作成。

としては、大学学部・大学院修士課程修了（96.1%）である。ただし、他国と
比較して特徴的なのは、高等学校以下の学歴しかもたない校長の割合が高い
ということである。これは、ブラジルの高等学校において、小学校低学年の
教授資格が付与される師範コースがあることが関連していると考えられる。
つまり、ブラジルでは、基本的には校長には高等教育レベルにおける教員養
成を受けていることが求められているが、小学校低学年以下しかない学校や、
遠隔地などの校長の人材が不足している地域、あるいは政治的理由が介入す
る場合などでは、こうした例外的な措置が頻繁にとられてきたのだと推察さ
れる。

4 考察：ブラジルにおける校長という存在

これまでみてきたように、ブラジルでは 1990 年代の初等教育改革によっ

て、学校の権限が拡大したことにより、学校運営の体制が変化した。それに伴い、校長に求められる業務は、政府の教育政策の実践から、学校運営の計画・実践、教職員や保護者、地域住民との連携、運営予算の管理・運営など、多様化している。そしてこうした状況のなかで確立する校長像を、篠原が提示する養成においてめざされる校長像の4つの観点、すなわち、①教育者 or 管理者、②実践知 or 理論知、③トップリーダー or 合理的、④行政幹部 or 専門職型リーダーの観点を参考にしながら整理すると、つぎのとおりになる[20]。

　まず①に関しては、ブラジルでは校長は従来から、教育者ではなく、管理者として位置づけられつづけているといえる。②の学習する知のあり方に関しては、大学院レベルにおいて、理論知・研究知が重視される博士課程修了者が極めて少ない一方で、若干ではあるが高等学校以下の学歴の校長もいることからも、実践知がより重視されているといえる。③の意思決定のあり方に関しては、合議的な意思決定プロセスを経ることが求められているといえる。ブラジルでは民政移管以降、「学校の自治力の強化」がめざされるなか、民主的な学校運営が教育の原則の1つに据えられてきた。学校評議会はその象徴である。そのため、学校の意思決定に際しては、学校コミュニティと合意形成のプロセスを経ることは極めて重視されているといえる。最後の④に関しては、校長が公務員であり、かつ管理職であるという位置づけを前提として、採用方法も指名によるものが主流になっていることとを考えると、行政幹部としての色合いが強い立場にあると捉えることができるだろう。しかしながら、もう一方で、教員によって校長直接選挙が求められた1980年代以降の動向をふまえると、学校において教職員や保護者や地域住民の意向を取り入れた学校運営をおこなうような校長が求められるようになってきているとも捉えられる。この点については、第3章以降の校長直接選挙のなかでさらに深く言及していく。

おわりに

　本章では、1990年代の教育改革の動向をふまえながら、現在のブラジル

の一般的な校長像について考察した。教育の質に関しては、まだまだ課題を
抱えているブラジルではあるが、1990年代の教育改革を経て、教育の分権
化が進められ、学校運営のあり方にも大きな変化が生じた。特に家庭や地域
社会の参加の推進、全国学力試験の導入は、各学校の責任を拡大させると同
時に、校長の役割を複雑化させている。こうしたなか、校長は行政と学校と
家庭・地域社会の合間で、それぞれの意向を取り入れながら学校を運営する
役割として位置づけられているのである。

注

1 ブラジルの高等教育機関は、公立（連邦立、州立、市立）と私立をあわせて、
2,369校存在し、33,501のコースが提供され、全登録者数は802万7,297人であ
る（INEP. *Apresentação do Censo da Educação Superior 2015*. https://www.slideshare.net/
LucianoSathler/apresentao-do-censo-da-educao-superior-2015. 2017年8月8日参照）。

2 INEP. *Apresentação do Censo da Educação Superior 2015*. https://www.slideshare.net/
LucianoSathler/apresentao-do-censo-da-educao-superior-2015. 2017年8月8日参照）

3 高等教育の組織と機能の基準および中等教育学校との接続を定める法（1968年
11月28日付法令第5540号）第30条「校長を含む教育専門士を高等教育段階にお
いて養成する」。

4 96年教育基本法第64条「基礎教育の運営、計画立案、教員の指導、授業・カリ
キュラム指導に関する教育専門士の養成は、国内共通の基準を保障するように、教
育機関の基準にもとづいて、学士課程の教育学または大学院段階でおこなわれる」。

5 具体的には、最低360時間を要するエスペシアリザッサン（Especialização（英
語のSpecialization））コースや、最低180時間を要するアトゥアリザッサン / ア
ペリフェイソアメント（Atualização（英語のUpdating）/ Aperfeiçoamento（英語の
Improvement））コースがある。

6 1990年代に校長直接選挙をめぐる裁判のなかで、校長がその職務の性質上、臨
時管理職員（Cargo em Comissão）であるとの判決がでている（Paro, Vitor H. *Eleição
de Diretores: A Escola Pública Experimenta a Democracia*. São Paulo: Xamã, 2003, pp.62-68.）。

7 dos Santos, Clóvis Roberto. *O Gestor Educacional de uma Escola em Mudança*. Thomson
Pioneira: São Paulo. 2002 p.68. この制度がサンパウロ州で確立した背景には、1920
年におこった新教育運動との関連がある。新教育運動とは、1920年に、米国の教
育学者ジョン・デューイや英国の教育学者マリア・モンテッソーリなど、欧米の教
育思想を学んだ新教育運動家たちがより良い学校教育を求めておこした運動であ
る。この運動において、サンパウロ州の教育改革をおこなったサンパイオ・ドリア
が、いち早く、有能な校長の必要性を認識し、校長養成と関連づけながら、競争
試験の方法を確立したことがその発端となり、今日に至っている。こうした競争

試験による校長任用制度に関しては、主として、試験内容およびその点数配分の
あり方に関する議論がなされてきた。Paro（2003）は、客観性によって、候補者の
知識・野力を評価することが可能であるとし、Marés（1983）もまた、公務員を雇
用するには最適な方法であると、肯定的な評価をしている。ただし、一方で、キャ
リアによる登用と同じく、極めて官僚的な制度であるという点、それと関連し、校
長という地域社会との関連を必要とする職務の任用方法として、そもそものこう
した制度が適しているのかということを疑問視する指摘も存在する（Paro 2003, p.
44.）。

8　Corrêa, João Jorge. *As Eleições para Diretores na Rede Municipal de Ensino de Belo Horizonte
no Período de 1989 a 1994*. Dissertação (Mestrado) – Fuculdade de Educação, Universidade
Estadual de Campinas, 1995, p. 24.

9　1 レアル =25.96 円換算。2019 年 12 月 6 日の為替レート。

10　INEP. *Mapa do Analfabetismo no Brasil*. Brasília: Ministério da Educação, 2003, p. 6.

11　UNESCO. *EFA Global Monitoring Report 2009. Education for All - Overcoming Inequality:
Why Governance Matters*. Paris: UNESCO, 2008, p.95.

12　江原裕美「1990 年代ブラジルの初等教育改革政策」『帝京大学外国語外国文学論
集』第 10 号、2004 年、65-98 頁。江原裕美「ブラジル初等教育改革における分権
化と学校自律性の強化」『帝京大学外国語外国文学論集』第 11 号、2005 年、57-92
頁。

13　国立教育政策研究所（編）『教員環境の国際比較：OECD 国際教員指導環境調査
（TALIS）2013 調査結果報告書』明石書店、2014 年、94 頁。

14　田所清克『ブラジル雑学事典』春風社、2016 年、372 頁。

15　三田千代子「ブラジル：ジェンダー格差克服の挑戦」国本伊代（編）『ラテンア
メリカ 21 世紀の社会と女性』新評論、2015 年、83 頁。また、実際、筆者が 2014
年 8 月 19 日に実施したパラナ州教育局とクリチバ市教育局への聞き取り調査にお
いても、教職が女性の職業として認識されていることが指摘されている。

16　INEP. *Censo da Educação Superior 2016: Notas Estatísticas*. p.8.（http://download.inep.
gov.br/educacao_superior/censo_superior/documentos/2016/notas_sobre_o_censo_da_
educacao_superior_2016.pdf　2017 年 8 月 8 日参照）

17　INEP. *Estudo Exploratório sobre o Professor Brasileiro: Com Base nos Resultados do Censo
Escolar da Educação Básica 2007*. Brasília: INEP, 2009, p.21.

18　国際教育標準分類（ISCED）は、旧方式である 1997 年版から、新方式の 2011 年
度版へと改定されている。ただし、2011 年度版は、2015 年 6 月以降に用いられて
いる。よって、TALIS2013 年の報告書でも、旧方式 1997 年度版が用いられている。

19　OECD. *Classifying Educational Programmes Manual for ISCED-97 Implementation in
OECD Countries* (1999 Edition). Paris: OECD Publications, 1999, pp. 22-23.

20　篠原清昭『世界の学校管理職養成』ジダイ社、2017 年、234-235 頁。

第2章

校長直接選挙制度の特殊性

世界の校長採用制度における教職員、保護者、児童生徒の参加の論理

はじめに

　本章では、次章以降でブラジルの校長直接選挙制度を分析するにあたり、まず、諸外国の校長採用制度を分析し、校長採用制度における教職員、保護者、児童生徒の参加の論理を検討する。そして、その論理に前章で扱ったブラジルの校長直接選挙制度を照らしあわせることで、その特殊性を明らかにする。

　まず、第1節では、校長採用を議論する際の視点を得るために、アメリカの公務員採用をめぐる行政と政治の二分論について検討する。そしてそこで得られた論点をふまえつつ、第2節では、フランス、アメリカ、日本、イギリスの4か国の校長採用制度とその形成過程を検討する。そして、第3節において、校長採用制度に教職員、保護者、児童生徒の参加が用いられる論理を考察し、その論理からみたブラジルの校長直接選挙制度の特殊性を指摘する。

1　行政と政治の二分論

　本節では、校長採用を分析するための視点を得るために、アメリカにおける公務員採用制度改革と、そこでの行政と政治の二分論の議論を概観する。

　アメリカでは、19世紀末から20世紀初頭の市政改革運動のなかで、行政と政治の二分論が展開された。それによって、従来用いられてきた、情実や

党派的忠誠によって採用する猟官制（スポイルズ・システム）から、客観的な能力の測定によって採用する資格任用制（メリット・システム）への転換がおこなわれた。アメリカにおける公務員採用制度と、そこでの行政と政治の二分論について、荒井と菅原の研究を整理すると、つぎのとおりである[1]。

　アメリカの公務員採用のなかで猟官制が展開されたのは、1829年に就任したジャクソン大統領の時であった。ジャクソン大統領は、一般市民の政治参加を推進し、行政機関に対する民主的統制の強化をめざすなど、民主的な政治文化の構築に取り組んでいる。こうした時期に猟官制が普及した要因には、猟官制につぎのような2つのメリットがあったからである。1つめは、応答性（首長の意向の反映のされやすさ）に優れた行政機構を構築することができ、それが同時に、党内の結束力を維持し、党勢の拡大を図るうえで有効であったことである。そして、もう1つは、一般市民の官職への就任が可能になり、政府機関の民主的統制の仕組みづくりにつながったことである。

　ただし、こうしたメリットがある一方で、以下にあげる4つの弊害も指摘されている。1つめは、金権政治や政治腐敗である。官職に就いたものは、その職を斡旋した政治家や政党への政治的忠誠が求められたり、政治献金として給与の一部を徴収されたりするという状況が生じていた。2つめは、公務員の立場の脆弱化である。官職を斡旋した政治家や政党の意向に背いた場合は解雇されるなど、公務員の身分が不安定となっていた。そして、3つめは、行政の継続性の問題である。大統領が変われば、公務員が総入れ替えとなることは、行政業務の安定性や効率性が損なわれることにつながった。さらに4つめは、社会に存在するさまざまな個人・集団の代表性の問題である。上述のとおり、猟官制は一般市民に対する官職への門戸を広げたものではあったが、任命権者の恣意的・政治的な思惑によって、特定の集団に属する人物しか任命されず、社会に存在する多様な集団の代表性を損ねる危険性があった。

　このように猟官制にはいくつかの問題点があったが、その一方で、当

時のアメリカ社会では、猟官制は正当化されていた。というのも、この時代においては、民主的な選挙によって当選した首長が、その自由裁量にもとづいて公務員を採用することは民主的な行為であるとみなされていたのである。また、このように認識される前提には、当時の公務員の業務が単純で、さほど高度な専門性が求められていなかったという事実もあった。

　ところが、19世紀末頃から、急速な都市化や工業化、移民の流入によって、社会構造および産業構造が変容した。それに伴って行政業務が多様化・複雑化し、公務員に専門性が求められるようになった。行政と政治の二分論は、こうした社会変化のなかで、行政を政治から切り離し、より自立的で、理論的かつ規範的な行政を構築することを目的として生まれた。一般市民による市政改革運動を受けて取り組まれた公務員制度改革によって、連邦政府と全米の州・地方政府に資格任用制が導入され、官職の専門性や政治的中立性の確保、行政全体の効率性や生産性の向上、さらには公務員の身分の保障が図られた。

　しかしながら、こうした資格任用制に対しても、問題がなかったわけではない。それは、猟官制と同様、代表性の問題である。たとえば、英語で実施される試験においては、非英語圏出身者が不利になったり、論述試験や口答試験では任命権者の裁量によって、恣意的・差別的な人事がおこなわれたりする可能性があった。実際、この制度がエスニック・マイノリティに不利に働いていたという事実がある。こうした事態への批判が、1941年のマイノリティに対する雇用差別を禁止する行政令の発布や、1964年の公民権法の改正による公的機関および民間企業におけるマイノリティに対する雇用差別の禁止、1969年の行政機関の人事におけるクウォーター制の導入につながっていった。

　このように、アメリカにおける公務員採用制度は、選び方の民主性と、選ばれる公務員の専門性、そして代表性の観点から展開してきたのである。

　以上の議論をまとめると、猟官制と資格任用制にはそれぞれつぎのような長短があるといえる。それは、猟官制においては、公選の大統領が任命する点においては民主性の論理が存在すると捉えられる一方で、公務員の専門性や市民の代表性の確保が困難になる可能性がある。これに対し、資格任用制は、選び方の民主性は低まるものの、公務員の専門性が確保しやすくなる。しかしやはり試験内容によっては、代表性の確保が困難になる。つまり、行政による採用は、民主性と専門性の確保にはある程度適応することができるが、社会のさまざまな集団の代表性を確保することには適してこなかったということである。以下では、これら人事における民主性、専門性、代表性の観点を念頭に置きながら、諸外国における校長採用制度を検討する。

2　世界における校長採用制度

　本節では、フランス、アメリカ、日本、イギリスの校長採用制度を検討する。これら4か国の選定にあたっては、現行の各校長採用制度の違いと、選考に携わる組織に着目している。まず、採用方法としては、大きく、競争試験と選考の2つに区分でき（用語の定義については「序章 第5節」参照）、さらに選考に関しては、どの組織が選考するかという観点で、行政機関と学校組織の2つに区分した。この分類にもとづいて、4か国の校長採用制度を整理したものが**表2-1**である。フランスにおいては4か国中、唯一、中等学校で競争試験を用い、フランスの初等学校と他の3か国は選考を用いている。アメリカにおいては、基本的には日本と同様、各学区に設置される教育委員会が選考している。ただし、近年台頭する、学校を基礎単位とした教育経営（School-based Management、以下、SBM）については、各学校に設置される学校審議会が組織する校長採用委員会（教職員、保護者、地域住民の代表）によって選考がおこなわれることがある。そのアメリカの教育委員会制度を模倣した日本は、周知のとおり、各自治体に設置されている教育委員会によって校長の選考をおこなっている。一方、イギリスにおいては、学校に設置された学校理事会（行政官、教職員、保護者、地域住民、児童生徒の代表）が選考をおこ

表 2-1　校長採用方法の分類

競争試験	選考	
	行政機関	学校組織
フランス（中等学校） ［国民教育大臣］	フランス（初等学校） ［大学区視学官］	
	アメリカ（一般学校） ［教育委員会の教育長］	アメリカ（SBM[註1]） ［教育委員会の教育長］
	日本 ［教育委員会の教育長］	イギリス ［地方当局］

出所：筆者作成。
注 1 ：SBM は School-Based Managemet（学校を基礎単位とした教育経営）の略である。
注 2 ：表の［　　］内は任命権者を示している。

なっている。

　これら 4 か国について、一般行政および教育行政制度を確認したうえで、校長採用制度とその成立経緯を分析し、そこで議論されてきた内容を整理する。

（1）フランス

　第 1 に、競争試験（中等教育）と行政機関による選考（初等教育）を用いるフランスの校長採用制度について検討する（**図 2-1** 参照）。まず、フランスの行政としては、中央政府のもとに、地方政府として地域圏、県、市町村が置かれ、各地方政府の執行機関の長が議会の議長を兼ねている[2]。フランスの教育行政は極めて中央集権的であり、国の出先機関である大学区事務局（責任者は大学区総長）、大学区視学官事務局（責任者は大学区視学官）、国民教育視学官が、それぞれ高等学校、中学校、小学校を監督している[3]。校長の任命権は、初等学校（小学校）に関しては大学区視学官に、中等学校（中学校と高等学校）に関しては国民教育大臣に付与されている[4]。

　校長採用のあり方を確認する前提として、まず初等学校と中等学校の校長の制度上の位置づけに大きな違いがあるという点を押さえておきたい。初等学校の校長は、クラス担任や授業を受けもつこともあり、あくまでも教員の

一員としてみなされてきた[5]。これに対し、中等学校の校長は授業を一切も
たず、国の事務と職員を管理する、学校における国の代理人として位置づけ
られてきた[6]。これは、元来、初等学校が市町村の管理責任主体のもとでの
法人格を有しない義務教育実施機関であったのに対し、中等学校は国が管理
し、かつ公施設法人であったことに由来するものである。

　これが、1989 年制定の教育基本法 (通称ジョスパン法) において、中等学校
がそれまでの国立の公施設法人から地方公施設法人となり、学校の組織編成
や授業時間の編成など、学校独自の教育活動の自治権をもつようになった。
また、学校の管理運営にあたっては、学校を児童生徒とその教育に携わる学
校内外のすべての人びとで構成される学校共同体であると定め (同法第 1 条)、
学校管理職と行政官、教職員、保護者、生徒の代表者からなる組織として、
初等学校には学校委員会 (Conseil d'écol)、中等学校には管理委員会 (Conseil
d'administration) の設置が規定された (同法第 11 条)。さらに、各学校には、学
校共同体の構成員が参加して、学校教育計画を策定することも義務づけられ
た (同法第 18 条)。これらの動きは、1968 年に起きたパリ大学の学生による
大学改革を求める運動を契機とした社会改革運動、いわゆる 5 月革命に端を
発する。すなわち、中央政府の教育行政当局を筆頭とする閉鎖的・権威主義
的な学校運営体制に対して、保護者や地域住民、生徒の参加、教育行政の分
権化、学校裁量権の拡大が求められたことが背景にある。その後、1983 年
からのミッテラン政権下でも、教育行政の分権化、学校裁量権の拡大が進め
られている。

　こうした学校共同体という概念の導入は、1988 年に校長の採用制度の改
正へとつながっている。従来、初等学校の校長の採用は、教員間で候補者を
選び、大学区視学官がその人物を任命するという方法がとられていた[7]。こ
れが 1988 年の改正によって、つぎのように変わった。まず、県の選考委員
会が書類審査と面接をおこない、その結果について労使双方の代表で構成さ
れる労使同数代表委員会の意見を経て、大学区視学官が適格者名簿を作成す
る。そして、その名簿登録者のなかから、再び労使同数代表委員会の意見を
経て、大学区視学官が任命する、という手順である[8]。一方、中等学校の校

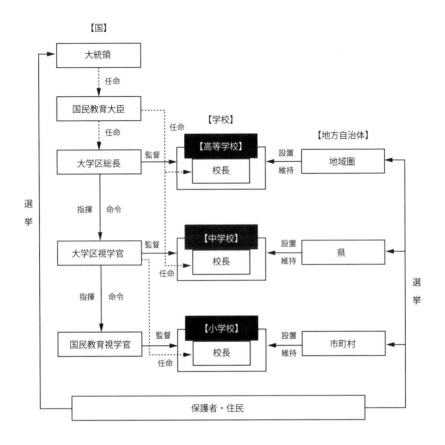

図 2-1　フランスの校長採用制度の概念図

出所：文部科学省　諸外国の教育行政制度（http://www.mext.go.jp/b_menu/shingi/chukyo/chukyo1/003/gijiroku/__
icsFiles/afieldfile/2014/09/25/1265320_001.pdf　2018 年 3 月 13 日参照）を参考に、筆者作成。

長の採用は、従来、①競争試験、②校長適格者名簿に登載されたもののなか
からの選考、③視学官職や高等教育機関の教授などが一定期間、校長職に就
く在籍出向という 3 つの方法が用いられていた。このうち、②適格者名簿か
らの選考が停止され、③在籍出向はごく少数のみ実施されているだけで、基
本的には、①競争試験でおこなわれるようになった [9]。競争試験は 2 段階で
おこなわれ、第 1 段階では、履歴書、志望理由書、大学区総長からの評価

報告にもとづく書類審査、つづく第 2 段階では、中央教育視学官、州視学官、大学区視学官、国民教育省内の課長などによる口述、面接試験である。この試験に合格した校長は、その任命から 2 年間は試補として養成を受け、その後、大学区総長の提案にもとづき、国民教育大臣によって正式任官される。

　特に中等学校の校長採用方法が競争試験にシフトしていったのは、学校共同体という概念の導入に伴って高まった校長の役割の変化や専門性の確保に対応するためであったと捉えられる。しかしながら一方で注目すべきは、競争試験が学校組織の活性化や各種関係者の調整機能という点において、適切な人物を採用できていないことが政府の総括文書で報告されているという事実である [10]。このことに関して小野田は、中等学校においても校長と教員とが同等の関係にあり、校長は教員のなかから選ばれるべきとする伝統的な考えがあることを、その理由として指摘している [11]。

(2)アメリカ

　第 2 に、地方の教育行政を担う学区教育委員会もしくは、学校に設置される学校審議会に設置される校長選考のための委員会 (行政官、教員、保護者、児童生徒の代表) で校長の採用をおこなうアメリカの事例をみていきたい。

　まずは、アメリカの地方行政制度について確認すると、連邦制を敷くアメリカでは、連邦政府、州政府、地方政府が置かれており、地方政府にはカウンティ (County) や、タウンシップ (Township)、地方自治体 (Municipality)、学区 (School District)、特別区 (Special District) があり、多様な構造となっている。州政府には、公選による議員で構成される議会と、同じく公選によって選ばれる州知事をトップとする執行機関が置かれている。教育行政については州政府の所管事項となっている。州の教育行政は州知事の任命あるいは公選による州教育委員会が司っており、実際の運用は学区教育委員会がおこなっている。学区教育委員会は住民投票により選出されたメンバーで組織され、その学区教育委員会によって学区教育長が任命される (図 2-2 参照)。校長の採用権限は、この学区教育長に付与されている。校長の採用プロセスとしては、一般的には、書類審査や面接等の後、学区教育長が最終選考をおこ

44

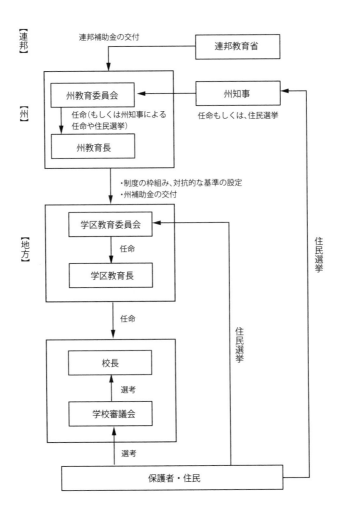

図 2-2　アメリカの校長採用制度の概念図

出所：文部科学省　諸外国の教育行政制度　（http://www.mext.go.jp/b_menu/shingi/chukyo/chukyo1/003/gijiroku/__icsFiles/afieldfile/2014/09/25/1265320_001.pdf　2018 年 3 月 13 日参照）を参考に、筆者加筆・修正。

なうことになっている。しかしながら、1980 年代後半頃から、学校審議会
などの学校レベルの組織に採用が任されるケースがでてくるようになった。
具体的にはイリノイ州のシカゴ学区においては、教職員、保護者、地域住民、
生徒の代表で構成される学校審議会が設置する校長選考委員会によって、校
長選考の書類審査と面接がおこなわれ、最終選考まで学校審議会が担うよう
になっている[12]。また、ケンタッキー州では、教育長が選んだ複数の候補
者のなかから、校長、教員、保護者の各代表から構成される学校審議会が書
類審査と面接などをおこない、最終選考をおこなっている[13]。

　こうした校長採用制度の変化の背景には、1960 年代からおこる分権化と、
保護者、住民、教員の教育行政参加を求める運動がある。1950 年代まで、
アメリカの大都市地域においては、教育長を頂点とする集権的・官僚的な教
育行政体制が確立していた。しかし、こうした行政体制は、急増する大都市
への人種的マイノリティの流入と、それに伴う貧困や低学力、人種分離化
といった教育問題に対処しきれなかった。こうした事態に対し、1960 年代
から 1970 年代にかけて、大都市に居住する人種的マイノリティの親や住民
が、自分たちの意思を反映した教育の実現を求める地域統制運動 (Community
Control Movement) を展開させた。1980 年代に入ると、1983 年 4 月に公表さ
れた『危機に立つ国家』を契機として、教育改革が進められるなかで、トッ
プダウン型の改革手法への批判が高まっていった。こうしたなか、1986 年
にカーネギー財団による「備えある国家 (A Nation Prepared)」と、全米知事会
による『成果のとき (Time for Results)』の 2 つの政策提言報告書がだされた。
前者は、教員の専門的自律性を重視し、学校での教授・学習活動での意思決
定、共同的責任を担う学校経営が提唱されている。後者は、教員の専門的自
律性に加え、親の参加や校長の役割の重要性を提唱している。これら 2 つ
の報告書は、学校裁量権の拡大と、学校における共同意思決定の要素を含む
SBM の普及につながっていった。さらに、1990 年代に入ると、SBM は、州
の教育目標と基準の設定と、学校のアカウンタビリティの明確化によって、
教育の質改善に向けた公教育のシステムに位置づけられ、全米各州でさらに
広まっていった[14]。

　こうした教育改革は、校長の役割に変容をもたらした。従来、校長は教育行政官の1人であり、教育長の代理執行役と位置づけられてきたのに対し、SBM の展開は、校長に教員、親・地域住民と協働し、子どもの教授・学習の改善をめざす学校経営の最高責任者としての新たな位置づけを与えるものとなった。

　こうした動きと連動するように、校長の養成・研修制度も発展した。アメリカでは、校長資格として、校長免許が存在するが、従来、①教員免許状の所持、②3年以上の教職経験、③修士号以上の学位所持、④大学院による単位取得を必要条件としていた。しかし、1986 年の改正によって、研修受講時間によって、経営者としての資格づけがおこなわれるようになった[15]。また校長養成に関しても、1980 年代後半からは、大学院での課程履修と学校現場での長期実習経験とを包括した、継続的で総合的な仕組みへと変わっていった[16]。

　このように校長の専門性の向上が図られる一方で、教育長による校長選考では、候補者の資質・能力の観点よりも、情実的、政治的な観点が重視されるという問題が生じていた[17]。現在、学校レベルに校長採用が任されるケースがでてきたのも、より学校現場にみあった専門性のある校長を採用しようとするものである。そこには、教員の専門的自立性の尊重と、教員、保護者、地域住民の参加という理念をもつ SBM の展開があった。

(3)日本

　第3に、行政機関による選考で校長を採用する日本の校長採用制度について確認する（**図2-3** 参照）。まず、日本の行政制度については、戦後 1947 年に地方自治法が制定されたことにより、首長の公選、地方議会の権限の拡大など、地方自治の拡充が図られた。教育行政に関しても、①教育行政の地方分権、②一般行政からの独立、③民衆統制と専門的リーダーシップが教育改革の基本原則として掲げられ[18]、1948 年制定の教育委員会法によって、都道府県教育委員会と市町村教育委員会が設置された。これによって、それまで官吏待遇とされてきた公立小中学校の教員の身分が、地方公務員と位置づ

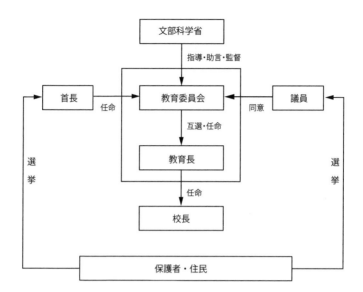

図 2-3　日本の校長採用制度の概念図

出所：文部科学省「第 I 部第 2 章　「教育新時代」を拓（ひら）く初等中等教育改革」『平成 19 年度 文部科学白書』
図表 1-2-12 を参考に、筆者作成。
注：2017 年 4 月 1 日の教育委員会制度改正以前の制度をあらわしている。

けられることとなった[19]。これに伴い、人事もそれまで内務省の管轄下に
あった地方長官によるものから、教育委員会に委ねられることとなった。
　教育委員会制度の意義には、①政治的中立性の確保、②継続性、安定性の
確保、③地域住民の意向の反映が据えられている[20]。これにもとづき、教育
委員会制度は、首長が議員の同意を得て任命した教育委員会のなかから教育
長を選ぶという手法を用い（2017 年 4 月 1 日の教育委員会制度改正以前まで）、首
長からの独立性を制度化してきた経緯がある。戦後の教育制度導入後すぐに
は、公選制によって教育委員会委員を選任する時代があったものの[21]、教育
委員会に政治的対立などの弊害が生じたことから[22]、公選制は廃止され[23]、
代わって導入された任命制の仕組みが現在まで維持されている。校長採用に
ついては、各自治体の公募に応募してきたもののなかから、各教育委員会が

筆記試験や面接等の選考試験をおこなって選考している[24]。受験資格としては、年齢（上限や下限）や特定の役職における経験年数が設定されたり、校長や市町村教育委員会からの推薦を求めたりする自治体もある[25]。また、校長資格に関しては、2000年の学校教育法施行規則の一部改正によって、校長の資格要件が緩和され、教員免許状をもたなくても校長になれる、いわゆる「民間人校長」が誕生し、注目されたのは周知のとおりである。伝統的に、日本の校長は行政的な統制を担う監督者であると同時に、教育者でもあるとされてきた[26]。学校現場には年功序列の雇用慣習が存在し、教員から主幹教諭、教頭を経験して、校長になるというのがオーソドックスなキャリアパスであったため、「民間人校長」の誕生は日本の教育界にとってセンセーショナルな出来事となった。こうした民間人校長の導入背景にあったのは、1990年代半ば頃からの学校の裁量権拡大、校長の権限拡大・強化、アカウンタビリティと参加型学校経営の導入といった学校経営改革であった[27]。

　このように戦後の日本の校長採用は、教育委員会制度をとおして民衆統制が図られてきたとみることができる。しかしながら、教育委員会の機能が形骸化しているという批判があるように、実際には、校長採用が明文化されていない慣習のもとでおこなわれてきたという指摘もある[28]。

(4)イギリス

　第4に、学校レベルで校長採用をおこなうイギリスの事例をみていく。イギリスでは、中央政府のもとに地方政府が設置されており、地方政府には大都市区あるいは統合自治体が設置される1層制と、カウンティとディストリクトが設置される2層制が混在している。イギリスの地方行政では、従来、立法機能と行政機能が区分されておらず、議会のもとに設置される委員会が執行機関を担っていた（委員会制度（Commitee-Based System））。しかし、議会の非効率性から、2000年制定の地方自治体法（Local Government Act 2000）によって、委員会制度は廃止され、代わって執行部制度の採用が義務づけられた。現在では、議会の互選によって執行部のリーダーを選ぶ、あるいは公選によって首長を選ぶ制度が導入されている[29]。

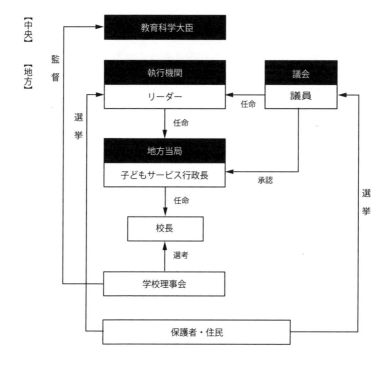

図 2-4　イギリスの校長採用制度の概念図

出所：文部科学省『諸外国の教育行財政：7 か国と日本の比較』ジアース教育新社、2013 年、149 頁、図 4 を参考に、筆者作成。

　地方政府における教育行政は、地方当局が担っており[30]、校長の任命権も、この地方当局が有している。ただし、実際の採用は、保護者、教員、職員、地方当局の各代表者によって構成される学校理事会（School Governing Body）がおこなっている。採用プロセスとしては、まず、各学校が新聞などをとおして公募する。そして各学校の学校理事会のなかに置かれた校長選考のための委員会が、応募者のなかから書類審査や筆記試験、面接等の審査をおこない、最終選考まで実施する[31]。その結果に特に問題がない場合は、地方当局がそのまま任命するという流れである（**図 2-4** 参照）。

　イギリスにおいて、地方当局が設置されたのは 1902 年教育法（Education

Act 1902）においてであったが、明確な権限が示されたのは 1944 年教育法
（Education Act 1944）が制定されてからである。1944 年教育法では、地方当局
を各地域の議会のなかの委員会として設置することと、地方当局に初等教育
と中等教育の教育内容に関する権限があることが規定された[32]。こうした
地方分権化に対し、保守党政権下（サッチャー政権：1979-1990 年、メージャー
政権：1990-1997 年）では、1970 年代にいわゆる「英国病」といわれる、国家
財政や経済の危機的状況を背景とし、公共サービスに市場原理を導入し、地
方自治体のスリム化に取り組んだ。教育行政に関しても、地方当局の権限が
縮小され、自立的学校経営（Local Management Schools）の導入など、学校裁量
権の拡大が推進された[33]。1988 年教育改正法においては、学校における最
高意思決定機関として、各学校に学校理事会を設立することが明記され、予
算や人事など学校経営に関する意思決定の権限が付与されることとなった。

　こうしたサッチャー政権下の教育改革は、教育の質的向上、学校教育の効
率化、親の選択権の拡大をめざすものであったが、それは同時に、校長の役
割を変化させるものでもあった。従来、イギリスの校長は、Headteacher と
称されるように、教員の筆頭として位置づけられており、教授活動をおこな
うだけでなく、学校管理・運営全般もおこなう、いわば絶対的権限を有する
ような存在であった[34]。これが、学校の合理化、民主化を実践するととも
に、保護者を中心とする外部からの要求に対応する経営責任者としての役割
に変化したのである[35]。こうした変化に伴い、校長養成・研修制度も発展
していく。イギリスには、1980 年代初頭まで、校長養成の全国的なシステ
ムはほとんど確立されていなかった[36]。そこで 1995 年に政府が校長職資格
導入の方針を示し、1997 年には教員研修機構が校長全国職能基準を開発した。
さらに、同年、資格付与研修プログラムの校長全国職能資格が開始された。

　一方、校長採用に関しては、1944 年教育法（Education Act 1944）以降、校
長選考に学校理事会が関与することとなっていたが、その仕組みは、各地方
当局によって異なっていた。一般的なものとしては、学校理事会のメンバー
と、地方当局のメンバーで構成される委員会が行政官の助言のもとで、校長
候補者のリストを作成する、あるいは最終決定までをおこなうものであっ

た[37]。こうした従来の校長選考に対して、1977 年に校長選考に対する学校理事会の関与の強化を勧告したテーラー報告書の作成で中心的役割を担っていた Morgan は、つぎの 4 つの問題点を指摘している。「1 つめは、選考委員が校長の職務について、十分な知識を有しておらず、また、判断基準が明確でないこと、2 つめは、選考委員の各集団の役割が曖昧であること、3 つめは、選考委員の用いる選考技術が限られたものであること、4 つめは、(これがもっとも重要であるが) 多くの場合において、職務とは無関係な要因によって選考決定がなされていること[38]」である。このテーラー報告書にもとづき、中央政府は、校長の試補制度と、校長選考における学校理事会の権限拡大の 2 つの施策を提示した。しかし、前者は地方当局と教員からの批判にあい、結局、後者に取り組むこととなった。校長の試補制度が批判された理由には、試補期間中の業務について、地方当局が教育科学大臣に報告することが盛り込まれたため、校長が行政の追従者的な立場になってしまうこと、そしてそれによって、学校の自律性が脅かされる危険性があったことがある[39]。こうしたサッチャー政権における強いイニシアチブのもとで導入された市場原理と、それによる学校裁量権の拡大、さらには教員が求めた教員の専門的自律性の確保によって、現在の採用制度は確立した。しかし、ここで注意すべき点として、学校理事会に設置された校長選考のための委員会に関する規則制定の権限が教育科学大臣に付与されていることが指摘できる。つまり、地方当局の権限は縮小されつつも、一方で、中央政府の影響力は強化されたということである。

3　考察：ブラジルの校長直接選挙制度の特殊性

　ここまで世界の校長採用制度を検討してきた。こうした議論をふまえながら、校長採用制度における教職員、保護者、児童生徒の参加の論理を考察するとともに、その論理を第 1 章でみたブラジルの校長直接選挙と照らしあわせることで、その特殊性を浮かびあがらせる。

（1）諸外国の校長採用制度における論点

　フランス、アメリカ、日本、イギリスの４か国における校長採用制度をとおして、これら４か国の校長採用制度の成立背景には概ね共通して、教育改革による地方分権化や、学校裁量権の拡大、保護者や地域住民の参加、民主化の推進があり、それに伴う校長の役割と校長に求められる資質・能力の変化があった。こうしたなか、各国、異なった校長採用制度を確立した要因を、①民主性、②専門性、③代表性の観点からみると、つぎのように整理できる。

　まず、各国の校長採用制度は、③代表性の問題が前提にあるということが指摘できる。それはつまり、校長がだれを代表するのか、いいかえると、行政官の代表なのか、教員の代表なのか、学校の代表なのかという観点である。行政官としての代表性の色あいを強くもつ場合（フランスの中等学校、アメリカの一般学校、日本）には、競争試験もしくは行政による選考がおこなわれているし、教員の代表性の強い場合（かつてのフランスの初等学校）には、教員間で選考がおこなわれてきた。また、教職員、保護者、地域住民、児童生徒によって構成される学校という共同体の代表性をもつ場合（アメリカSBM学校やイギリスの場合）には、学校組織による選考がおこなわれている。このように、校長採用制度は、まず、校長がだれの代表者であるのかという位置づけに深く関連してくるのである。

　そのうえで、①民主性を重視するか、②専門性を重視するかといった違いが生じてくる。フランスの中等学校の校長採用においては、専門性確保のために、民主性に乏しい競争試験が用いられるし、それ以外の場合においては、間接的ではあれ、民主性が確保される（公選職である執行機関のリーダーによる任命、あるいは校長選考にあたる各集団内による選挙もしくは互選、任命）と同時に、行政官がもつ行政的指導性や教職員がもつ教育専門性が反映されることによって、選ばれる校長の専門性を確保する仕組みとなっている。ただし、競争試験であれ、選考試験であれ、こうした②専門性の確保には、試験のあり様や、最終決定に影響力を有するものの個人的、集団的事情によって政治的事情が介入するという問題があることは否めない。つまり、採用者側の個人的、集団（政党）的情実が、そこに介入するという問題である。それは、

採用者が教職員であれば、教職員の事情が重視されるし、保護者や地域住民であれば、保護者や地域住民の事情が重視されることになり、これもまた政治的であるということである。しかし、政治的観点から問題視されてきたのは、官僚的で、閉鎖的であった行政のみによる選考の弊害である。教職員の教育的専門性や、保護者、地域住民の教育意思、学習主体者としての児童生徒の教育意思を反映させようとする学校レベルでの校長選考が導入されたのは、従来の行政と政治に独占されてきた校長採用への政治的中立化を求めた、アンチテーゼ的な動きと捉えることができよう。

(2)ブラジルの校長直接選挙制度の3つの特殊性

　以上の議論に、第1章で言及したブラジルの校長採用制度に照らしあわせてみると、中央集権的で、権威主義的な体制からの改革の動きのなかで、学校現場主導の校長採用が用いられるようになったという大まかな流れは、アメリカやイギリスが辿ってきたものと重なる部分が多い。また、諸外国の校長採用制度における教職員、保護者、児童生徒参加の論理と比較すると、校長直接選挙制度は、代表性の観点においては、それまで行政の代表であった校長に、学校コミュニティの代表としての位置づけが加えられたという点で共通している。しかし一方で、民主性と専門性の観点からは、つぎのような点において、その特殊性が指摘できる。

　その1つめは、直接選挙制を用いている点である。諸外国の校長採用制度における教員、保護者、地域住民、児童生徒の参加は、代表制が用いられている。具体的には、日本の教育委員会や、アメリカの学校審議会、イギリスの学校理事会は、各関係者の代表から構成されることで、各集団の意思を代表する形で反映させる仕組みが確立されている。これに対し、ブラジルの校長直接選挙制度では、1人ひとりの意思を代表者に集約することがない。これは、民主性の観点からみた場合、極めて程度の大きいものであるといえる。なぜ、ブラジルでは校長採用に、あえて直接選挙制を用いているのであろうか。

　2つめは、1つめと関連することではあるが、子ども1人ひとりが参加している点である。専門性の観点からみた場合、こうした子ども1人ひとりの

参加は、選ばれる人材の専門性確保を阻害することにはならないのだろうか。

　3つめは、選考における行政の専門的指導性が不在にみえる点である。アメリカにおいては審議委員会のなかに行政の代表者が加えられているし、イギリスにおいても学校理事会のなかに地方当局の代表者が加えられている。このように、諸外国においては、選考そのものに行政職員が関わっている。これと比較するならば、ブラジルの校長直接選挙には、その過程に行政職員が関わる機会がないように捉えられる。専門性の観点からみた場合、校長直接選挙制度において、行政による専門的指導性はどのように確保されているのか、あるいは確保されていないのであれば、それで問題は生じないのだろうか。

　これら校長直接選挙制度の特殊性に関する3つの疑問に関しては、次章以降で明らかにする。

おわりに

　本章では、アメリカにおける公務員採用制度における行政と政治の二分論の議論をふまえつつ、諸外国の校長採用制度の教職員、保護者、児童生徒の参加の論理について検討した。日本や欧米諸国における校長採用制度は、それぞれの時代に取り組まれた民主化の推進や地方分権化、学校裁量権の拡大、保護者や地域住民の参加といった教育改革に応じるように確立していった。

　そして、そのなかで求められるようになったのは、校長の資質・能力の確保である。そのために、政治の影響を受けない校長採用制度が求められた。その方法には、フランスの競争試験のように、客観的な判断による採用もあれば、日本の教育委員会（保護者、地域住民参加）や、アメリカの校長選考委員会（保護者、地域住民、児童生徒参加）、イギリスの学校理事会（保護者、地域住民参加）のように、保護者や地域住民、児童生徒の代表者で構成される組織による採用もある。そこには、権威主義的、官僚的、閉鎖的な教育行政および学校運営体制のゆきづまりを、保護者や地域住民、児童生徒の参加によって打開しようとする考えがあった。

　こうした一連の流れはブラジルにもあてはまるところが大きい。しかしながら、諸外国の校長採用制度における教職員、保護者、児童生徒の参加の論理と比較すると、3 つの特殊性が浮かびあがった。1 つめは直接選挙制が用いられる点、2 つめは子ども 1 人ひとりが参加している点、3 つめは行政の専門的指導性が不在にみえる点である。次章以降では、ブラジルの校長直接選挙にテーマを移し、これら校長直接選挙に関する疑問を検討する。

注

1　荒井文昭『教育管理職人事と教育政治：だれが校長人事を決めてきたのか』大月書店、2007 年、197-203 頁。菅原和行『アメリカ都市政治と官僚制：公務員制度改革の政治過程』慶應義塾大学出版会、2010 年。

2　フランスでは、ミッテラン政権の前期（1981-1988 年）に行政の地方分権が本格的に取り組まれた。具体的には、地方行政がおこなう政策への中央行政の介入（後見監督）の廃止や、県行政の執行権の県議会議長への委譲、地域圏の地方自治体への昇格がおこなわれた（岡部遊志「フランスにおける地方分権と地域開発政策の変容」『経済地理学年報』第 55 巻、第 3 号、2009 年、256 頁）。

3　文部科学省（編）『諸外国の教育行財政：7 か国と日本の比較』ジアース教育新社、2013 年、144-151 頁。

4　小野田正利「フランスにおける複雑・多様化する教育課題と学校管理職の研修体制の整備」小島弘道（編著）『校長の資格・養成と大学院の役割』東信堂、2004 年、351-355 頁。

5　同上書、348-349 頁。

6　同上。

7　中央教育審議会『II　調査対象国の教員給与に関する概況 (8) フランス』（初等教育分科会教職員給与の在り方に関するワーキンググループ 第 10、11 回（2006 年 12 月 11 日）議事録・配付資料（http://www.mext.go.jp/b_menu/shingi/chukyo/chukyo3/031/siryo/07012219/001/009.htm　2018 年 3 月 17 日参照）。

8　小野田、2004 年、前掲書、351 頁。

9　同上書、352-353 頁。

10　同上書、357 頁。

11　同上。

12　浜田博文「アメリカにおける『学校の自律性確立』に向けた校長養成の改革」小島弘道（編著）『校長の資格・養成と大学院の役割』東信堂、2004 年、274-275 頁。

13　浜田博文「アメリカ学校経営における共同的意思決定の実態と校長の役割期待：ケンタッキー州における SBDM（School-Based Decision Making）の分析を中心に」『筑波大学教育学系論集』第 24 巻、第 1 号、1990 年、23-34 頁。

14 浜田博文『「学校の自律性」と校長の新たな役割』一藝社、2007 年、42-70 頁。

15 浜田、2004 年、前掲書、278 頁。

16 同上書、279-280 頁。

17 浜田博文「アメリカ教育改革における校長職の役割変容に関する一考察：校長の資質向上をめぐる改善動向の検討を通して」『日本教育経営学会紀要』第 31 号、1989 年、58-60 頁。

18 市川昭午『教育行政の理論と構造』教育開発研究所、1980 年、266-267 頁。

19 1947 年制定の地方自治法においても、地方の教育事務が地方公共団体と規定され（地方自治法第 2 条第 3 項第 5 項）、公立小中学校の教員の身分が、地方公共団体の職員と定められた（地方自治法第 173 条の 2）。

20 文部科学省『教育委員会制度について』(http://www.mext.go.jp/a_menu/chihou/05071301.htm　2018 年 3 月 17 日参照)。

21 米国教育施設団（著）・国際特信社（訳）『米国教育施設団報告書：マックアーサー司令部公表』国際特信社、1946 年。

22 安田隆子「教育委員会：その沿革と今後の改革に向けて」『調査と情報』No.566、2007 年。

23 教育委員会委員を公選で選任する制度は、1956 年 9 月 30 日の教育委員会法の廃止と、それに代わる 1956 年 10 月 1 日施行の地方教育行政法の制定によって廃止された。

24 1948 年制定の教育委員会法において、校長および教員の任命に関することが教育委員会の事務と規定された（教育委員会法第 49 条第 5 項）。また、1949 年制定の教育公務員特例法によって、公立小中学校の教員が地方公務員としての身分をもつことが定められた（教育公務員特例法第 3 条）。市町村立の学校教員に関しては、1956 年の地方教育行政法制定以降、県費負担教職員の人事は都道府県教育会に委ねられ、市町村教育委員会は、教職員に人事に関して、内申権を有するのみとなっている。

25 文部科学省『平成 26 年度公立学校教職員の人事行政状況調査について』(http://www.mext.go.jp/a_menu/shotou/jinji/1365310.htm　2018 年 3 月 17 日参照)。

26 平井貴美代「職能開発システムとしての校長会の歴史と課題」小島弘道（編著）『校長の資格・養成と大学院の役割』東信堂、2004 年、26-30 頁。平井によれば、現行の学校教育法第 37 条 2「校長は、公務をつかさどり、所属職員を監督する」の文言は、1891 年から 1900 年と、1941 年以降に用いられている。しかし、その間である 1900 年から 1941 年までは、「監督」ではなく、「総督」の文言が用いられている。このように、日本においても、校長と教員との関係はゆれうごいている（同上書、27 頁）。

27 文部科学省は「地域や学校の実情に応じ、幅広く人材を確保できる」ことを目的とし、校長の資格要件を緩和した（文部科学省『学校教育法施行規則等の一部を改正する省令の施行について（通知）』2000 年 1 月 21 日付）。

28 荒井文昭『教育管理職人事と教育政治：だれが校長人事を決めてきたのか』大

月書店、2007 年。

29　イギリスでは 2007 年地方自治体法において、執行部の設置方法として、つぎ
の 3 つの選択肢が示された。1 つめは議会リーダーと内閣制度（the Council Leader
and Cabinet）、2 つめは直接公選市長制度、3 つめは首長と内閣全員の直接公選制
である。これに関しては、葛西耕介「執行部制度を導入したイギリス地方教育行政
の現在：直接公選市長、地方議員、子どもサービス局長らへのインタビューを通
じて」『東京大学大学院教育学研究科紀要』第 53 号、2014 年、285-298 頁に詳しい。

30　イギリスでは、1902 年教育法（Balfour Education Act）によって、地方教育行
政を司る機関として、地方教育当局 (Local Education Authority: LEA) が設置され
た。これが、2005 年の教育白書『すべての者に高い水準のより良い学校を（Higher
Standards, Better Schools for All)』において、これまでの「地方教育当局」(Local
Education Authority: LEA）から「地方当局」(LA) に名称変更することが提言され
た（植田みどり「イギリス地方教育行政改革の研究：学校への経営支援における
地方当局の機能を中心に」『学校経営研究』第 38 号、2013 年、48-49 頁)。本書に
おいては、便宜上、「地方当局」と名称を統一する。

31　Huber, Stephan "The Recruitment and Selection of School Leaders." Lumby, Jacky,
Crow, Gary, and Pashiardis, Petros (Eds.). *International Handbook on the Preparation and
Development of School Leaders*. New York and London: Routledge, 2008, pp.180-184.

32　相良惟一・高木英明・清水俊彦・兵頭泰三・村田鈴子「教育行政における集権・
分権の問題（Ⅰ）」『教育学研究』第 27 巻、第 1 号、1960 年、48 頁。

33　梶間みどり「(第 2 章) イギリス　(一節) 公教育経営の構造転換」日本教育経
営学会（編)『諸外国の教育改革と教育経営』(シリーズ　教育の経営 6) 玉川大学
出版部、2000 年、27-36 頁。

34　水本徳明「イギリス教育改革における学校経営の位置と課題：校長選考制度改
革の分析を通じて」『日本教育経営学会紀要』第 30 号、1988 年、125 頁。小松郁
夫「イギリスにおける学校管理職養成の政策とシステム」小島弘道（編著）『校長
の資格・養成と大学院の役割』東信堂、2004 年、303-304 頁。

35　水本、1988 年、前掲書、125-126 頁。

36　末松裕基「イギリスの学校管理職養成」篠原清昭（編著）『世界の学校管理職養
成』ジダイ社、2017 年、121-138 頁。

37　水本、1988 年、前掲書、127 頁。

38　Morgan, Colin. "The Selection and Appointment of Heads." Hoyle, Eric, and
McMahon, Stanley (Eds.) *World Yearbook of Education 1986: The Management of Schools*.
London: Kogan Page, p.153.

39　水本、1988 年、前掲書、131 頁。

第3章

ブラジルの校長直接選挙制度の誕生と展開

はじめに

本章では、ブラジルにおいて校長直接選挙制度が誕生し、展開されてきた経緯を検討し、その歴史的展開からみる校長直接選挙制度の論理を明らかにする。第1節では、校長直接選挙制度が誕生した背景として、1950年代からのブラジルの社会状況の変化と、そこで誕生するカトリック教会の活動や解放の神学、民衆教育とパウロ・フレイレの教育思想・実践、社会運動を検討し、校長直接選挙制度との関連を検討する。第2節では、校長直接選挙制度の展開状況として、1990年代からの普及状況と、地域的展開について分析する。そして第3節では、歴史的展開からみる校長直接選挙制度の論理を考察する。

1 校長直接選挙制度の誕生

校長直接選挙は、1983年にパラナ州で最初に実施された。パラナ州の校長直接選挙制度の導入に携わった教育学者 Wachowicz は、パラナ州が全国に先駆け、ブラジルで最初の校長直接選挙を実施した前提として、1960年代にすでに校長直接選挙の原型となる制度があったことを指摘している[1]。そこで、本節では、校長直接選挙制度が誕生する背景にある1950年代から1980年代当時の社会状況と、そこで生まれたブラジルの思想・実践について整理する。そのうえで、校長直接選挙制度がそれらの思想・実践から影響

を受けて形成された可能性を提示する。また、当時の教育政策と教員の労働運動の動きを捉えることで、校長直接選挙が導入された経緯を明らかにする。

（1）校長直接選挙制度誕生の社会背景（1950年代〜）

　ブラジルでは 1950 年代から本格的な工業化が進められた。1956 年に就任したクビシェッキ大統領（任期：1956-1961 年）は、「50 年の進歩を 5 年で」をスローガンに、輸入代替工業化政策を採用し、経済成長をもたらした[2]。1964年のクーデターによって確立した軍事政権においては、強権的な体制を取りながら、「国家安全保障ドクトリン」と呼ばれる考えにもとづく経済開発がおこなわれた[3]。その結果、1960 年代末から 1970 年代初頭には、「ブラジルの奇跡」と呼ばれるめざましい経済成長を果たし、都市部では労働機会を求め、農村地域からの人口流入がおこった。しかし、都市部ではこうした急激な人口増加に、住宅や上下水道、交通、医療、教育などが対応できず、結果、都市にあふれた人びとは、土地を不法占拠し、ファベーラと呼ばれるスラム街を形成していった[4]。一方、農村地域では、1970 年代からの農業の機械化や、大豆、コーヒー、砂糖きびなどの輸出の奨励によって、多くの零細農家が土地を手放さなければならない状況となった。また、従来の地主と小作の関係も崩れていった。その結果、低い賃金で厳しい生活を強いられる、土地をもたない日雇い労働者や季節労働者が多く生まれることとなった。このような1950 年代からの社会構造の変化は、以下に示すような解放の神学や民衆教育、パウロ・フレイレの教育思想や実践、社会運動を生む背景となっている。

①カトリック教会の活動、解放の神学

　ブラジルのカトリック教徒の割合は、1960 年で人口の約 93%、1991 年で約 83%、2000 年で 73.6%[5] と、近年、減少傾向にはあるものの、ブラジルにおける主要な宗教であることに変わりはない。このようにカトリック大国であるブラジルにおいて、教会が果たしてきた役割は大きく、政治や教育に対しても影響を与えてきた。

　1952 年、それまで各教会が個別に実践していた慈善活動や社会扶助の

活動を一元化する目的で、カマラ司教を中心としてブラジル司教協議会
(Conferência Nacional dos Bispos do Brasil: CNBB) が結成された。また、1965 年に
は、ブラジル司教協議会の推進によって、キリスト教基礎共同体 (Comunidade
Eclesiais de Base: CEB) が組織化される。キリスト教基礎共同体とは、都市の教
区や農村の礼拝堂のまわりに、一般信徒 10 人から 100 人以上のグループを
中心にして組織された草の根の組織である[6]。そこに集まった人びとは、聖
書の学習や礼拝をとおして、自分たちの置かれた状況の厳しさを聖書から読
み解き、生活向上をめざした[7]。このようなキリスト教基礎共同体は、ブラ
ジル各地で普及し、最盛期には 8 万ほどあったとされている[8]。キリスト教
基礎共同体の性格は多様であるとされているが、つぎのような共通の特徴も
指摘されている[9]。それは、参加と民主的関係が強調され、初歩的な政治意
識しかもちあわせていない一般メンバーにさえ意見を求めることや、女性の
参加が強調されるといった点である。こうしたキリスト教基礎共同体は、や
がて「貧しく抑圧された人びとの側に立つ」解放の神学を生みだすことにも
つながった。

　解放の神学は、1950 年代以降の工業化によって生じた貧困を背景として、
聖職者の取り組みから誕生した[10]。解放の神学の定義はさまざまに存在し
ているが、1968 年のラテンアメリカ司教協議会総会 (メデジン会議) において、
その基本的立場として、つぎの 3 点が提示されている。それは、①「制度化
された暴力」としての抑圧的な現状の認識、②抑圧されているもの＝「貧し
い人びと」の立場からの視点、③実践の立場である[11]。こうした解放の神学
は、1964 年からはじまる軍事政権下での搾取、迫害、低賃金や拡大する所
得格差から生じる貧困、急激な都市化に伴う生活環境の悪化、人権問題や労
働運動への弾圧といった「制度化された構造的暴力」に苦しむ民衆のなかで
普及し、1970 年代のキリスト教基礎共同体の急速な拡大を支えた。もとも
とは宗教的な動機によって形成されたキリスト教基礎共同体は、こうした解
放の神学とも相俟って、社会的、政治的諸問題や労働者問題を重視するよう
になり、後述する社会運動や政治活動へと発展していった[12]。

②民衆教育

　民衆教育 (Educação Popular) は、伝統的なエリート偏重の教育制度に対して、民衆の教育のあり方を模索するなかで誕生した、ラテンアメリカに固有の教育概念である[13]。民衆教育は、各国に歴史があるが、一般的には1960年代以降のパウロ・フレイレの教育思想・実践の影響を受けてからのものをさす。政治経済的に抑圧された民衆 (Popular) が、学習することで、自らの置かれた状況を批判的に捉え、実生活に必要な知識を身につけ、社会を変革することをめざすものである[14]。こうした民衆教育は、1960年代にキリスト教基礎共同体による「基礎教育運動」(1961～1969年) として、貧困層や農村地域に対しておこなわれた他、住民組織による成人を対象とした識字教育なども実施されている。その後、1990年代後半からはストリートチルドレンなど、公教育ではカバーしきれない子どもの教育活動も担うようになっている[15]。こうした民衆教育には、以下で述べる教育学者パウロ・フレイレの思想や方法論が多分に取り入れられている。

③パウロ・フレイレ (1921-1997年) の教育思想・実践

　フレイレは、抑圧された人々が文字を覚えることの重要性を説いたことで知られるブラジルの教育思想家であり、識字教育の実践者としても活躍している。フレイレの思想・実践を著した『被抑圧者のための教育学』(1970年) においては、被抑圧者が、抑圧者とともに非人間的な状況に置かれ、その抑圧状況から解放され、「人間となる」ためには、「意識化」が必要であると説いている。フレイレは、生徒を容れものと捉え、教師が一方的に生徒に知識を注入する教育を「銀行型教育」と呼び、これを批判したうえで、教師も生徒も課題を認識する主体であり、生徒は教師との対話によって批判的な視座をもつ探求者となるとともに、教師もまた同様に批判的な視座をもつ探求者となる「課題解決型教育」こそが人間化に至る道であると主張する[16]。

　また、『被抑圧者のための教育学』の後に書かれた『希望の教育学』(1992年) では、当時の「民主主義」を主張する政治家を批判したうえで[17]、公立学校の民主化を主張している。そのなかでは、守衛、学校食堂の関係者、受

付の係員も含めた、すべての学校関係者に、教育者としての再教育をおこなうことを提唱している。また、教育内容については、つぎのように記している。「生徒、父母、守衛、用務員、コック、そんな連中はのけ者でよい、と、時代遅れの貴族風を吹かすのは、もうやめよう。カリキュラムをどうするかは、もっぱら専門家が、その任務に向けての養成訓練をうけた一部の人間だけが、決定を下す権限と能力をもっていると、かれらは主張する。この種のもの言いは、どこかで聞いたもう一つの台詞と一蓮托生だ。――盲目に選挙権はいらぬ、というお馴染みの主張と [18]」。そして、あらゆる学校関係者の教育を支援する場としての学校を提唱し、実際にも、労働者党 (PT) のサンパウロ市長のもと、教育局長を務め (任期：1989-1991 年)、民主的な学校の実現に向けて、教育改革に取り組んでいる [19]。

　このように、フレイレの思想・実践をみると、学校における民主主義を実践するうえで、学校における教師、児童生徒、父母、職員の位置づけを、上下関係で捉えるのではなく、水平関係に捉えることが望ましい姿であると主張していることが読み取れる。

④社会運動（1970年代後半〜）

　1973 年のオイルショックを契機として経済成長が失速すると、軍事政権は政治開放政策 (アベルトゥーラ) と呼ばれる政治自由化を開始した [20]。それに連動するように、黒人運動や、フェミニスト運動、エコロジー運動といった草の根グループによる民衆運動が活発化する。また、ほぼ同時期に、キリスト教基礎共同体から派生したポブラドーレス (都市・都市周辺に暮らす貧困層) による運動も組織されはじめている [21]。さらに、1970 年代後半に入り、ブラジルの経済成長が終焉を迎えると、軍事政権に対する一般市民や商業界のエリート層の不満が高まり、1978 年のサンパウロ州の金属工業地帯で「新しい労働運動」と呼ばれる運動がおこった。この「新しい労働運動」は、運動の外部者 (国家、政党、教会、NGO など) に対する自律性と、底辺民主主義を強調する点で、従来の労働運動とは異なっていた [22]。このサンパウロ州の金属工業地帯での労働運動に端を発し、ブラジル各地でさまざまな職種の

労働運動が展開されることとなる。

　そして、こうした民衆運動や労働運動の基盤となっていたのが、キリスト教基礎共同体であった。労働運動は、キリスト教基礎共同体の人的ネットワークと、経済的支援によって支えられていた[23]。ここで注目すべきこととして、当時の社会運動が、つぎのような特徴を有していた点がある。それは、1) 公共の場で、2) 共同体を形成し、3) 直接的な結びつきを求め、代表制民主主義よりも、4) 直接民主主義の実践を重視したという点である[24]。特に、後者 2 つの点に関しては、軍事政権を念頭に置いた指導者や代表制に対する不信から生じたものであり、運動組織の内部では全成員が平等に扱われ、全員参加やコンセンサスによる意思決定が理想とされた。

　こうした特徴は、先の「新しい労働運動」から生まれた労働者党 (PT) (1979年発足)[25] のなかにもみられる。労働者党 (PT) では、民主主義が追求され、重要な議論をめぐっては一般党員の意思が尊重された[26]。そして労働者党 (PT) は、労働者統一本部 (Central Única dos Trabalhadores: CUT) と呼ばれる労働組合の中央組織を発足 (1983 年) させるとともに[27]、その後、「新しい労働運動」のリーダーであり、貧しく小学校すら卒業できなかったルーラ・ダ・シウバをブラジルの大統領 (任期：2003-2011 年) に押しあげ、ブラジルの政治界に影響力を拡大させていった。

　このように、1950 年代頃の社会構造の変化を背景として生まれた思想・実践は、カトリック教会を基盤として、共同体における構成員が平等で水平的な関係であることや、直接民主主義が強調されるといった共通の特徴をもっていた。

(2)校長直接選挙を求める教員の労働運動

①軍事政権下の教育政策

　つぎに、1960 年代からの教育分野に関する動きをみてみる。軍事政権は、経済開発のモデルに対応した教育制度の確立を USAID (アメリカ国際開発庁) に求め、MEC (教育省) と USAID の間で、1964 年から 1968 年の間に 12 の協定が締結された[28]。MEC-USAID 協定と呼ばれるその協定は、USAID に

対し、ブラジルの初等教育から高等教育に亘るすべての教育段階や教育制度の運用に関する権限を与えるものであった[29]。1967年に打ちだされた「経済社会開発10年計画」では、初等教育段階から高等教育段階までの「ブラジル教育改善プラン」（第6編）を提示し、これを受けて策定された「高等教育の組織と機能の基準および中等教育学校との接続を定める法」（1968年11月28日付法令第5540号、以下、68年大学改革法）と、「初等中等教育改革法」（1971年8月11日付法令第5592号、以下、71年教育基本法）では、ブラジルの経済発展に向けた人材育成が重視される内容が盛り込まれている。68年大学改革法では、国家の発展に寄与する高度な専門性を備えた人材を養成するよう、大学の組織、運営、コース、入学試験の刷新が図られた。また、71年教育基本法では、それまでの教育基本法（1961年12月20日付法令第4024号）から、新たに労働のための資格付与が追加されている（第1条）。他にも、義務教育期間が、それまでの4年間（7歳から10歳）から8年間（7歳から14歳）へと変更されたり、教育段階が、従来の初等教育（7歳から10歳）と前期中等教育（11歳から14歳、ジナジオ）とをあわせた期間を第1課程、後期中等教育（15歳から18歳、コレジオ）を第2課程と定めたりと、学制も変更された。このように、軍事政権がはじまった1960年代後半から、その方針にもとづいて、経済開発のための労働力の確保に重点を置いた教育制度が次々に確立されていった。

　この頃、パラナ州でも軍事政権の方針と同調するかたちでピメンテル州知事（任期：1966-1971年）が州の経済開発、近代化を推し進めた。教育政策は、近代化のための社会福祉の充実と、熟練労働者の養成のために重要な分野として位置づけられた。一方、経済発展による人口増加および、それに伴う非識字者の増加に対応するため、学校数と教員数を増加させている。また、1966年のILO・ユネスコによる「教員の地位に関する勧告[30]」にもとづき、行政のイニシアチブで教員の地位に関する規約を作成したり、州教育局とパラナ州教員組合（APP）との連携を図るなど、ピメンテル州知事は、教育改善に向けて、パラナ州教員組合（APP）と良好な関係を築く姿勢をみせた[31]。

②1968年の教員の労働運動

　こうした教育政策のもと、パラナ州の公立学校の教員は、自らを国家や州が進める開発政策の担い手として位置づけることで、給与の引きあげと地位の保障を政府に訴えた。パラナ州の教員らは1968年に労働条件の改善を求める2週間に亘る大規模なストライキやデモを実施し[32]、1) 教員の地位に関する規約の承認、2) 契約教員の問題の解決、3) 段階号俸表の設定、4) 非常勤教員の権利保障、5) 大学の哲学部による教員養成の保障を要求した。このうち、1) 教員の地位に関する規約において、教員の学校間の異動のための競争試験と、校長の選挙が要求された。というのも、当時、教員の学校間の異動が、政治家の情実によっておこなわれることが多々あり、校長に関しても、政治家の意向で5年、10年就任しつづけることもあれば、突然交代したりするようなことがあった[33]。こうした状況に対し、教員の雇用の安定のために求められたものである。

　これらの要求は、州議会での議論の末、1969年11月8日付法令第5871号で「公立学校教員規約」が承認されたことによって制度化されるに至った。ただし、校長の選挙に関しては、教員らの選挙によって選出した3名の校長の候補者のなかから、教育局が最終的に1名を採用するという形式 (Lista Tríplice、以下、3人名簿式) に終結した。それは、翌年に選挙を控えた議員からすれば、要望を受け入れながらも既得権を完全に放棄せずに済む妥協点であったと想定される。そして、実際に、1969年に州教育局は、大学の教員養成課程修了資格をもつ初等教育の教員のための競争試験を実施するとともに、校長に関しても3人名簿式によって採用をおこなった。こうした教員による校長選考は、当時としては非常に斬新なものであったとされる[34]。しかし、3人名簿式は、軍事政権の中央集権的な体制が強化されるなか、1976年12月22日付補足法第7号による「公立学校教員規約」の廃止によって、制度としてはなくなるに至った[35]。

③1970年代後半からの教員の労働運動

　こうしたなか、再び校長を選考するための選挙を求める運動がわきおこっ

たのは、軍事政権の求心力が弱まる 1970 年代末のことであった。この時期に打ちだされた政治開放政策（アベルトゥーラ）で言論の自由化が進められたことによって、全国的な教員組織の会議がいくつも開かれ、教育問題や教育改革、民主主義をテーマに議論が展開された[36]。この時期、パラナ州では、教育局主導によって、教育局とパラナ州教員組合（APP）の同数メンバーからなる「より良い校長の採用のあり方を調査研究するための委員会」が設置され、同委員会の議論のなかで、かつて存在していた教員による校長直接選挙に、保護者と児童生徒、職員を加えることが提案された[37]。そして、その校長直接選挙は、教員の労働運動のなかで最重要課題として掲げられるようになった。

　教員の労働運動は、他の労働運動とも連携しながら、賃金の引きあげや労働条件の改善を求めて展開している。しかしながら、教員の労働運動は、他の労働運動と比べ、つぎの点において異なる様相をみせていた。それは、労働者（教員）自身の利益のみならず、他者の利益を求めることを目的のなかに取り入れた点である。その理由としては、教員の労働運動が、民間企業の生産労働者のそれとは異なり、ストライキが雇用主（行政）に直接的な不利益を与えることがなく、むしろ経済が低迷していた政府に歓迎されるものだったという理由が指摘されている[38]。教員らは給与の引きあげや労働条件の改善という教員の利益を要求する従来の方針に、児童生徒をはじめとする、学校教育に関わる人たちの利益を要求する新しい方針を取り入れることで、不利益をこうむる子どもやその保護者に対して、労働運動の正当性を認めさせようとしていたものと捉えられる。他にも、Canesin は、当時の教員の労働運動が次第に政治化したことを指摘しているが、その理由の 1 つとして、教職が社会の概念を広めるという特殊性を有している点をあげている[39]。こうした教職の特殊性が、教員に対し、仕事や運動のなかでの民主主義の実践をよりいっそう意識させたのかもしれない。

　こうしたなか、1982 年のパラナ州知事の直接選挙の際に、ジョゼ・リッシャ（ブラジル民主運動党（PMDB））が、教員らが求める校長直接選挙を公約のなかに掲げて当選し、州知事に就任した。また、州議員選挙においても

58 議席中 34 議席をブラジル民主運動党（PMDB）が占め、与党となったことで校長直接選挙が制度化される基盤が構築された。そして、1983 年 4 月 13 日付行政令第 455 号にもとづき、1983 年 7 月 17 日にブラジルで最初の校長直接選挙が実施された[40]。それは州立初等中等学校 3,500 校において、合計 200 万人の教職員、保護者、児童生徒を動員する規模であった。さらに 1984 年には州議員ルーベン・ブルーノが校長直接選挙に関する法案を議会に提出し、1984 年 11 月 21 日付法令第 7961 号、通称ルーベン・ブルーノ法と呼ばれる校長直接選挙制度についての最初の法律がつくられた[41]。

　校長直接選挙制度の誕生経緯は以上のとおりである。校長直接選挙制度の教員、職員、保護者、児童生徒が直接参加するという形式に関しては、1950 年代から 1980 年代における社会状況から生まれた思想・実践の特徴と重なるところが大きく、それらの影響を受けて形成されたものであると捉えることができるだろう。また、校長直接選挙制度は、当初は、政府へ教員の地位の保障を求める教員の労働運動のなかで要求されたものであったが、次第に社会の民主化への要求のなかに位置づけられることで、現在の教員、職員、保護者、児童生徒の参加という形態がとられるようになったと解釈される。次節では、こうして誕生した校長直接選挙制度の展開についてみる。

2　校長直接選挙制度の展開

（1）全国的な制度化

　校長直接選挙は、全国各地で展開される教員の労働運動のなかで最重要課題として掲げられ、1983 年のパラナ州での実施を皮切りに、各州で法令化されていった。ゴイアス州では、1983 年に法案提出がなされ（その後、却下）、サンタカタリーナ州でも 1985 年に法令化（1988 年に廃止）、リオグランデドスール州でも 1989 年に法令化（1991 年に廃止）、マットグロッソ州でも 1990 年に法令化（1991 年に保留）されている[42]。また、1989 年に全州で州憲法が制定された際には、9 つの州（アマゾナス州、セアラー州、リオグランデドノルテ州、マットグロッソ州、エスピリトサント州、リオデジャネイロ州、パラナ州、サ

ンタカタリーナ州、リオグランデドスール州）において、校長直接選挙による校長採用が、学校の民主的運営と関連づけて規定された（**表3-1** 参照）。

　こうした校長直接選挙の制度化を推し進める原動力となったのは、民衆による大統領直接選挙を求める街頭抗議デモ「ジレッタス・ジャー」(Diretas Já、ポルトガル語で「直ちに直接選挙を」の意）の盛りあがりであった。1983 年にブラジル北東部ペルナンブーコ州の小さな町に結成された「ジレッタス・ジャー」は、1984 年にはサンパウロで 150 万人を擁する抗議デモにまで発展した。これに対し、政治家の間では、次期選挙に向けて、こうした民衆参加を求める動きに乗り遅れてしまうことの不安が高まった[43]。当時、野党であったブラジル民主運動党 (PMDB) は、こうした世論を受け、大統領の間接選挙を直接選挙に改めるという憲法改正案を提出し (1983 年)、それによる国民からの支持獲得を図る戦法にでた。また、与党のなかからは選挙に向けて、離党者が相次いでいった。こうしたなか、1985 年におこなわれた大統領選挙人団による選挙で野党であるブラジル民主運動党 (PMDB) からの文民の候補者、タンクレード・ネーヴェスが当選を果たしたことで、ブラジルは民政移管した[44]。こうしたブラジル民主運動党 (PMDB) の躍進は、地方政治にもみられ、1985 年 11 月の市長選挙においては、201 か所中 121 の市においてブラジル民主運動党 (PMDB) が当選を果たし、1986 年 11 月実施の州知事選挙でも、23 州中 22 州でブラジル民主運動党 (PMDB) が勝利している。

　堀坂が、民政移管後の政府の立場について、「『体制が変われば生活が改善される』との国民が抱く期待に応え、早急に回答を出していかなければならない。大衆の支持こそ政権安定の第一歩[45]」であったというように、当時、社会運動にどう対応するかが、政治家や政党が生き残るカギとなっていた。校長直接選挙の制度化は、こうした民主化を求める民衆に対するブラジル民主運動党 (PMDB) の、選挙戦勝利のための戦略の 1 つとして用いられていたと捉えることができるだろう。

　たとえば、ゴイアス州の場合、1983 年の知事選挙でイリス・レゼンデ（ブラジル民主運動党 (PMDB)）が当選を果たしているが、その選挙キャンペーン

表 3-1　州憲法における校長直接選挙の規定

アマゾナス	199条 州立、市立、私立の教育施設によって統合される教育の州システムは、連邦憲法に定められた原則および保障に加えて、以下の規則を遵守する。 Ⅱb）法の形式のもと、学校コミュニティの参加を保障した、教育機関の長のための選挙を伴った教育の民主的な運営。
セアラー	220条 定められた法律のもと、教育の民主的組織は、教育起案の長の選挙をつうじて、保障される。
リオグランデドノルテ	135条 法の形式のもと、州立もしくは市立の教育機関の教員、児童生徒、保護者による直接選挙を保障した公的教育の民主的運営。
マットグロッソ	241条 Ⅳ – 法の形式のもと、教育システムのすべて段階において、教育機関の長、地域管理者、学校評議会の構成員を、教育専門家、保護者、児童生徒の参加を伴った直接選挙によって、民主的運営をおこなう。 （2010年廃止）
エスプリトサント	177条 初等、中等、高等教育の州立公共機関における管理職の直接選挙は、学校コミュニティのすべての集団の参加を伴って、保障される。 （1999年廃止）
リオデジャネイロ	308条 州と市の教育は、つぎのことによっておこなわなければならない。 Ⅻ – 法律のもと、行政によって維持される教育機関の長に対する、学校コミュニティの参加を伴った直接選挙。 （2003年保留）
パラナ	178条 教育は、以下の原則にもとづいておこなわれる。 Ⅶ - 法の形式のもと、州の行政によって維持されている教育機関の民主的かつ共同的な運営は、校長の選出において、直接的、秘密的な選挙システムを採用する。 （2000年廃止）
サンタカタリーナ	162条 教育は、以下の原則にもとづいておこなわれる。 Ⅵ – 法の形式のもと、教育機関の長を選ぶための選挙、秘密選挙をとおした選考システムを採用した公教育の民主的運営。 （1997年廃止）
リオグランデドスール	213条 法の形式のもと、州立の公立学校の校長は、直接かつ普通選挙によって選べ得る。 （2001年廃止）

出所：各州憲法より、筆者作成。

中、彼は校長直接選挙に賛成の立場をとっていたものの、いったん州知事に就任すると、立場を覆している[46]。この事例にみられるように、1980年代の校長直接選挙の導入は、軍事政権の衰退と、それに代わるブラジル民主運動党（PMDB）の台頭に至る戦略の1つとして、全国的に展開されていったものと捉えられる。

(2)校長直接選挙制度の普及（1990年代〜）

1990年代に入ると、校長直接選挙は、学校の民主的運営の理念のもとで全国的に展開されていく。1990年代以降の学校の自律性の拡大や、保護者や地域住民の学校参加が促進されるに伴い、校長に求められる能力が高まっていくなか、校長直接選挙はそれ単独で用いられる他に、筆記試験や研修などと組みあわされて実施されるようになった。**図 3-1** は、他の選考方法との組みあわせも含めた校長直接選挙の実施状況を示したものである。これは、国家教育調査研究所（INEP）が1995年以降、2年に1回、実施している学校調査のなかで、「あなたはどの方法で校長に就任しましたか」という質問項目に対する回答結果をまとめたものである。回答は、校長直接選挙単独の「選挙」、校長直接選挙に審査（筆記試験や研修など）が組みあわされている「選挙＋審査」、能力主義にもとづく「競争試験」、教育局をはじめ、特定の組織や個人の判断にもとづく「指名」、その指名に審査が組みあわされる「指名＋審査」、そして「その他」に分類し、経年的にまとめている。

この結果から、つぎのことが明らかとなる。1つめは、実施割合の変動はあるにせよ、1990年代から現在に至るまで、全体の2割以上、「選挙＋審査」をあわせると、約3割以上もの校長が校長直接選挙を経て就任しているということである。その一方で、2つめとして、校長直接選挙以上に主流となっている校長選考方法は、従来、用いられてきた「指名」であるということである。前節の校長直接選挙の誕生背景の1つとして指摘したように、指名は学校への政治介入という問題から、批判されてきた方法である。それにもかかわらず、現在においてもいまだに指名がもっとも実施されているという事実は、ブラジル社会において、クライエンテリズムが根強く蔓延しており、

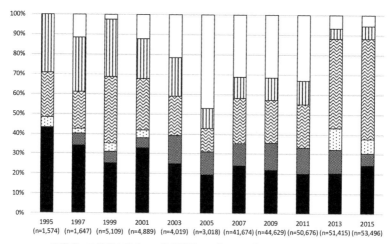

1995   1997   1999   2001   2003   2005   2007   2009   2011   2013   2015
(n=1,574) (n=1,647) (n=5,109) (n=4,889) (n=4,019) (n=3,018) (n=41,674) (n=44,629) (n=50,676) (n=51,415) (n=53,496)

■選挙　▨選挙＋審査　□競争試験　☒指名　◫指名＋審査　□その他

図 3-1　ブラジルの校長採用方法の割合の経年変化

出所：国家教育調査研究所（INEP）マイクロデータより、筆者作成。
注：質問項目は調査年によって異なっており、以下のように分類している。

調査年	図 3-1 の凡例					
	選挙	選挙＋審査	競争試験	指名	指名＋審査	その他
1995 年	学校コミュニティによる選挙 同僚による選挙		競争試験	政治的な指名	技術的な指名	
1997 年	学校コミュニティによる選挙 同僚による選挙	審査と選挙	競争試験	政治的な指名	技術的な指名	経歴の分析と審査
1999 年	選挙	審査と選挙	競争試験	政治的な指名	技術的な指名	審査
2001 年	選挙のみ	審査と選挙	競争試験	政治的な指名	技術的な指名	審査、その他
2003 年	選挙のみ	審査と選挙		政治的な指名	技術的な指名	審査、その他指名、その他
2005 年	選挙のみ	審査と選挙		政治的な指名	技術的な指名	審査、その他指名、その他
2007 年	選挙のみ	審査と選挙		政治的な指名	技術的な指名	審査、その他指名、その他
2009 年	選挙のみ	審査と選挙		政治的な指名	技術的な指名	審査、その他指名、その他
2011 年	選挙のみ	審査と選挙		政治的な指名	技術的な指名	審査、その他指名、その他
2013 年	選挙のみ	審査と選挙	競争試験のみ	指名のみ	指名と審査	審査のみ、その他
2015 年	選挙のみ	審査と選挙	競争試験のみ	指名のみ	指名と審査	審査のみ、その他

それがある意味、ブラジル社会の一部として定着している可能性を示すものとして捉えられるだろう。しかしながら、そうした伝統文化のなかで校長直接選挙が全体の3割程度実施されているという事実は、校長直接選挙がブラジルのなかで定着していることを否定するものではないだろう。

なお、2003年から2011年の調査においては、「競争試験 (Concurso Público)」の選択肢がなくなっている。そのため、競争試験によって就任した校長の数は、「その他」に含まれていると想定される。

(3)校長直接選挙制度の地域的展開

では、校長直接選挙の地域的な展開はどうだろうか。それを知るうえで手がかりとなるのがヴィクトル・チビタ財団 (Fundação Victor Civita) が実施した校長の採用・研修に関する全国的な研究調査 (2010年) である[47]。州政府へのアンケート調査から明らかとなった校長直接選挙の地域的展開状況をマッピングしたものが、図3-2である。ここからも明らかなように、校長直接選挙は主に南の地域で実施されている。

一方、北の地域においては指名が大半を占めている。こうした校長直接選挙の展開の地域的な違いの要因として、試みとして教員組合員の影響の大きさを検討してみたい。図3-3 は、各州の人口1,000人あたりの全国教職員連盟 (Confederação Nacional dos Trabalhadores em Educação: CNTE) 傘下の教職員組合の組合員数 (2005年) を示している。これをみるとわかるように、校長直接選挙を実施する州では、連邦直轄区やアクレ州、マットグロッソドスール州のように、人口あたりの教員組合数が比較的多い傾向がある。とはいえ、ロンドニア州やセルジッペ州のように、人口あたりの教員組合員数が比較的多い場合においても指名による校長採用がおこなわれている場合もある。またパラー州のように、それが小さいものの、校長直接選挙が指名とともに併用されている場合もある。パラー州では、校長直接選挙は1990年代に教育の分権化および学校の自律化を図る教育改革の流れのなかで制度化されている[48]。しかし、校長直接選挙はごく一部の州立学校において試験的にされたのみであり[49]、州全体では校長直接選挙はほとんど実施されていなかっ

図 3-2　校長採用方法の分布図

出所：Nova Escola（http://revistaescola.abril.com.br/gestao-escolar/diretor/como-gestores-sao-selecionados-brasil-621848. shtmly　2013 年 8 月 31 日参照）より、筆者作成。

た[50]。こうしたなか、校長直接選挙が本格的に推進される契機となったのが、それまでの社会民主党（PSDB）に代わり、労働者党（PT）のアナ・ジュリア・カレパ（任期：2007-2010 年）が州知事に就いた時であった。この頃、労働者党（PT）のルーラ・ダ・シウバ大統領（任期：2003-2011 年）が、ボルサ・ファミリアという現金給付政策を推進することによって、低所得者層からの支持を獲得していた[51]。こうしたブラジルにおける労働者党（PT）への支持拡大は、大規模農業を展開するパラー州にもおよんでおり、労働者を中心とする低所得者層からの支持を受けた労働者党（PT）のアナ・ジュリア・カレパが州知事に就任するに至ったのである。アナ・ジュリア・カレパ州知事が任期中に校長直接選挙の制度化を進めた背景には、学校運営の民主化を推進していく

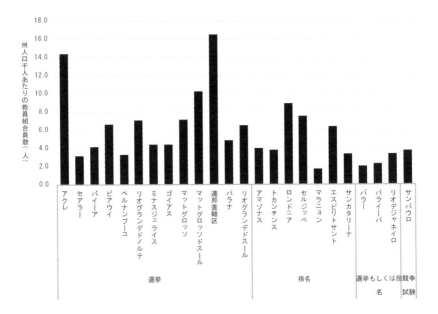

図 3-3　州別の全国教職員連盟（CNTE）傘下の教職員組合の組合員数（2005 年）

出所：Políticas Sociales en América Latina (SOPLA). *Sindicatos Docentes y las Reformas Educativas en América Latina: Brasil.* Rio de Janeiro: Fundação Konrad Adenauer 2008, pp.47-48 より、筆者作成。

注：アマパー州、アラゴアス州、ロライマ州においては、校長採用方法の情報がないため、除外している。

必要があったことは当然であろう[52]。さらに、前州政府であった社会民主党（PSDB）が実施しなかった施策を実施することで、支持層拡大を図ったと考えられる。このように教員組合の規模のみが校長直接選挙を実施させるか否かの要因ではなく、教員組合の影響が小さい場合においても、政治的立場にあるキーパーソンの意向によって校長直接選挙が導入される場合があるのである。

（4）校長直接選挙の展開への逆風

　Paro は、1980 年代から 1990 年代初頭にかけての各地における校長直接選挙の導入と制度化を分析しており、そこで、校長直接選挙の展開の制度的な弱点を指摘している[53]。それは、国の最高法規である憲法（1988 年）の規定

に照らしあわせるならば、校長直接選挙そのものが違憲と判決されてしまう
点である。実際に、サンタカタリーナ州 (1988 年違憲判決) やロンドニア州
(1991 年違憲判決)、連邦直轄区 (1991 年違憲判決)、ミナスジェライス州 (1997
年違憲判決)、リオグランデドスール州 (1999 年違憲判決)、リオデジャネイロ
州(2009 年違憲判決) などでは、州知事や政党による訴訟によって連邦最高裁
判所による違憲判決がだされ [54]、校長直接選挙に関する法令が無効あるいは
保留となっている。それは、そもそも公的機関の管理職である校長の採用に
関する権限は、行政のトップ、すなわち州知事もしくは市長に付与されてい
ることが憲法から解釈できるからである。連邦最高裁判所は公立学校の校長
を、その業務の性質上、臨時管理職 (Cargo em Comissão) であると判断してお
り、そうすると、公務員の採用を定めた憲法第 37 条 II「正規職員及び非正
規職員の任命は、競争試験もしくは試験と資格審査による事前の承認にもと
づく。だだし、法律において自由任免と宣言された臨時管理職はこの限りで
はない」(一部抜粋、傍点筆者加筆)の但し書きの規定が適用されることとなる。
つまり、行政のトップである州知事もしくは市長に校長を自由に採用する権
限があると解釈できるのである。これはつまり、校長を学校コミュニティに
よる直接選挙によって採用するという法令や規定とは相容れないものであり、
違憲であると判断されるということである。これに対し、教員組合は、憲法
規定が求めるように、校長を自由任免と宣言された臨時管理職であると規定
した法律は存在しておらず、自由任免できる職には当たらないと主張してい
るが、そうではない場合であっても、結局は、競争試験もしくは試験と資格
審査による採用が適用されるというジレンマを抱えている [55]。結局、憲法上、
公務員の管理職である校長を学校コミュニティが採用できる根拠は存在しな
いのである。

　では、校長直接選挙の制度化を可能にしているのは何かというと、Paro
の研究から導きだされるのはつぎの 2 つの場合である。1 つは、校長の採用
に関する権限をもっている州知事もしくは市長が、その選考を学校コミュニ
ティに委譲する場合である。これはパラナ州の場合であるが、1991 年に校
長直接選挙の実施が保留となった際、教員組合は校長採用方法として「校長

直接選挙」による任用といういいまわしを止め、「学校コミュニティによる審議 (Consulta)」をとおしての任用といった具合に、採用プロセスを学校コミュニティに委譲するという規定に変更している。もう1つは、議会で成立した校長直接選挙の法律に対し、だれも違憲訴訟をおこさない場合である。ブラジルでは違憲訴訟は、連邦最高裁判所で唯一扱っているが、その判決の拘束が個別の訴訟に限定されているという特徴をもっている[56]。そのため、過去に校長直接選挙の規定に対して違憲判決がだされたとしても、新たに法令を制定することが可能となっている。そして、校長直接選挙の法令化が実現されたとしても、それに対する訴訟をだれもおこさなければ、校長直接選挙に関する法律は制度化されつづけるということである[57]。首長や政治家にとって、校長直接選挙に反対の立場を取るということは、民衆参加の否定、民主主義の否定を意味し、教職員をはじめとして、民衆からの不支持につながるという選挙上のリスクを伴っている。

3　考察：歴史的展開からみる校長直接選挙制度の論理

　第1章および第2章をとおして、ブラジルの校長直接選挙制度の特殊性として、①直接選挙制が用いられている点、②子ども1人ひとりが参加している点、③選考における行政の専門的指導性が不在にみえる点を指摘した。本節では、これまでみてきた校長直接選挙制度の歴史的展開から、ブラジルにおける校長採用制度に関する論点を検討したうえで、校長直接選挙制度が誕生し、展開してきた論理を考察する。

(1) ブラジルにおける校長採用制度に関する論点

　第2章をとおして、一国の校長採用制度は、校長の代表性がまず前提としてあり、そのうえで、選び方の民主性や、選ばれる人材の専門性が考慮されてきたことを示した。校長採用に際し、教員、保護者、児童生徒が関わる背景には、こうした民主性や専門性を確保するうえで、従来の行政主体による選考よりも、政治的中立性を担保できるとする考えがあったのである。こ

のことに、ブラジルの校長直接選挙のケースを当てはめてみると、つぎのように整理することができる。

　まず、伝統的なブラジルにおける校長についてみると、校長は、オフィシャルには学校にいる行政職員としての立場がある一方で、アンオフィシャルには政治家の従事者という立場があった。校長直接選挙制度が求められた背景を考えあわせてみても、代表性の観点でいうと、むしろ後者の立場の意味あいが強かったと捉えられる。また、1990年代以前は学校にはほぼ権限がなかったために、校長に専門性を求められることもさほどなく、校長がだれにでも務まるようなポストであったことも、こうした状況を作りあげていたといえる。それは校長直接選挙によって校長が採用されたとしても問題が生じないことの前提ともなっている。

　これに対し、1970年代後半からの民主化を求める機運の高まりのなか、政治家の従事者としての校長は、学校の民主化を阻む根源としてみなされるようになった。つまり、校長は学校という共同体の代表者であるべきだという認識が強まったのである。さらに、1990年代以降は、教育改革が進むなかで学校の自律性が拡大し、全国学力試験の導入とその成果公表によって、学校にアカウンタビリティが求められるようになった。こうしたなか、校長には、単に学校コミュニティの代表者として学校コミュニティの要望を学校のなかに反映するだけではなく、教育政策を学校のなかで実施する立場も求められるようになった。校長直接選挙が能力主義的な採用方法と組みあわされて実施されているのも、校長採用における専門性の確保が重視されているからであると捉えられる。

(2) 校長直接選挙制度の誕生と展開の要因

　1つめの直接選挙制が用いられる点と、2つめの子ども1人ひとりが参加している点については、カトリック教会を基盤としたブラジルに潜在する思想・実践の影響を受けたものであると捉えられる。すなわち、校長直接選挙が導入された時期のブラジル社会には、専門的知識をもたない一般メンバーや女性という社会的弱者の意見を聞くことを重視するキリスト教基礎共同体

の活動、あるいは「貧しく抑圧された人びとの側に立つ」解放の神学、教師と生徒を水平関係に扱うフレイレの思想・実践、代表制を嫌い、直接民主主義を志向し、構成メンバーを平等に扱う社会運動など、共同体内の立場の弱いものや、専門性をもたないものの個々の意見を尊重するような思想・実践が基盤にあった。教員の労働運動は、こうした時代をともにする思想・実践の影響を受けてきたと解することができる。そして、校長直接選挙制度の形成は、こうした思想・実践を、校長採用の場面に取り込んだものであると捉えることができる。

　3つめの選考における行政の専門的指導性が不在にみえる点については、1990年代前後で事情が異なってくる。つまり、軍事政権時代までは、校長採用に際し、そもそも行政の専門的指導性が発揮される土台すらなかった。それは校長採用が政治家の情実にもとづいておこなわれるものであったからである。しかも、校長に専門性がほとんど求められなかったことをふまえてみても、校長直接選挙制度の導入初期（1980年代）においては、行政の専門的指導性が不在であることがさほど問題とはならなかったのだと解釈できる。これに対し、1990年代以降は、教育改革に伴って、校長に求められる専門性が高まるなか、校長直接選挙は審査と組みあわせて実施されるようになってきた。つまり、行政が介入する制度に変化していったのである。ただし、一方で、校長直接選挙が単独で実施されるケースも少なくない。その場合、行政はどのようにコントロールしているのか、あるいはしていないのかという疑問は残ったままとなる。

　そして、校長直接選挙が今日まで持続されてきた要因を考察するならば、民主化の過程のなかで、校長直接選挙が民衆参加の1つとしてみなされ、政治家がその要望を無視できない状況に置かれてきたことがあげられる。1980年代を中心として、政府はこうした民衆参加に応えることを迫られていたし、1990年代以降も民主的な学校運営という教育の原則を実践しつづける必要があった。民主主義の象徴である校長直接選挙は、教員の労働運動にとっても、政治家（政党）にとっても、それぞれの活動の支持獲得の面でメリットがあった。つまり、教員の労働運動においては、校長直接選挙の要

望を用いることで、給与の引きあげや労働条件の改善を求めるストライキや
デモの正当性を児童生徒や保護者に対して主張でき、また、政治家において
は、民主化推進のアピールとして、支持の拡大が図れるというメリットがあ
る。校長直接選挙は、こうした教員の労働運動と政治家との政治上の駆け引
きのなかで維持、展開されてきたのだと考えられる。

おわりに

　本章では、ブラジルの校長直接選挙制度の誕生と展開の経緯について検討
し、その歴史的展開からみえる校長直接選挙制度の論理を考察した。その結
果、校長直接選挙はブラジル社会で生まれた直接参加や社会的弱者を平等に
扱う思想・実践に影響を受けて形成されたものだと捉えられた。1990 年代
以降も、校長直接選挙制度が展開した要因には、学校の民主的運営の推進や
学校の自律性の拡大、保護者や地域住民の学校参加の促進があった。そして、
その展開には、民主主義の象徴である校長直接選挙制度を推進することで活
動を有利に進めようとする、教員の労働運動と政治家との駆け引きがあった。
また、校長直接選挙制度の実施方法として、それ単独で用いられる他に、筆
記試験や研修などと組みあわされて実施されるようになった。つまり、民主
性が重要視されてきた校長直接選挙に対し、専門性を重視する視点が加えら
れるようになったのである。

　ただし、依然として校長直接選挙を単独で実施するところも少なくない。
こうした場合、校長の専門性はどのように確保され得るのだろうか。次章で
は、この点を明らかにするために、より詳細に校長直接選挙制度の検討をお
こなう。

注

1　Wachowicz, Lílian A. *O Processo de Gestão das Escolas Estaduais de 1º e 2º Graus do Paraná.*
(Trabalho Apresentado na VI Conferência Brasileira de Educação, São Paulo, 1991)
Curitiba, 1991, p.1.

2　住田育法「ブラジルの政治文化」富野幹雄・住田育法（編）『ブラジル学を学ぶ

人のために』世界思想社、2002 年、116 頁。

3 「国家安全保障開発ドクトリン」とは、「政治も経済も産業基盤の整備も社会開発も、あるいは地域開発も、国の『安全保障』を機軸に考えるというもの」(堀坂浩太郎『転換期のブラジル：民主化と経済再建』サイマル出版会、1987 年、49 頁)。

4 小池洋一「開発と環境保護への取り組み」富野幹雄・住田育法(編)『ブラジル学を学ぶ人のために』世界思想社、2002 年、37-39 頁。

5 Editora Abril (Ed.) *Almanaque Abril: A Enciclopédia da Atualidade*. São Paulo: Editora Abril, 2004.

6 松下洌『現代ラテンアメリカの政治と社会』日本経済評論社、1993 年、209 頁。三田千代子「岐路に立つブラジルのカトリック教会」『ラテンアメリカ・レポート』Vol.8、No.3、1991 年、11 頁。Berryman, Phillip. "Basic Christian Communities and the Future of Latin America." *Monthly Review*, Vol. 36, No. 3, 1984, p. 27. (市橋秀夫(訳)「解放の神学と草の根：キリスト教基礎共同体とラテンアメリカの未来」『新日本文学』第 458 号、1985 年、29 頁。)

7 田村梨花「カトリック教会の政治的な活動」ブラジル日本商工会議所(編)小池洋一・西沢利営・堀坂浩太郎他(監修)『現代ブラジル事典』新評論、2005 年、61-62 頁。

8 大串和雄『ラテンアメリカの新しい風：社会運動と左翼思想』同文舘出版、1996 年、27-28 頁。

9 同上書、27-29 頁。

10 アスティゲタ、ベルナルド「解放の神学：グスタボ・グティエレスを中心に」今井圭子『ラテンアメリカ　開発の思想』日本経済評論社、2004 年、177-194 頁。

11 大串、1996 年、前掲書、205 頁。

12 乗浩子「解放の神学とキリスト教基礎共同体」ブラジル日本商工会議所(編)小池洋一・西沢利営・堀坂浩太郎他(監修)『現代ブラジル事典』新評論、2005 年、275-276 頁。大串、1996 年、前掲書、27-29 頁。

13 野元弘幸「グローバル時代のブラジルの教育」富野幹雄・住田育法(編)『ブラジル学を学ぶ人のために』世界思想社、2002 年、142-143 頁。

14 田村梨花「NGO による教育実践と子どものエンパワーメント：ブラジルの事例から」篠田武司・宇佐見耕一(編)『安心社会を創る：ラテン・アメリカ市民社会の挑戦に学ぶ』新評論、2009 年、180 頁。野元、2002 年、前掲書、142-143 頁。

15 田村梨花「識字率の推移」ブラジル日本商工会議所(編)小池洋一・西沢利営・堀坂浩太郎他(監修)『現代ブラジル事典』新評論、2005 年、246-247 頁。

16 フレイレ、パウロ(著)・三砂ちづる(訳)『新訳 被抑圧者の教育学』亜紀書房、2011 年、77-115 頁。

17 フレイレは著書『希望の教育学』(フレイレ、パウロ(著)・里見実(訳)『希望の教育学(第三版)』太郎次郎社エディタス、2011 年)のなかの第 0 章「はじめに」において、以下のように当時の政治家を批判している。「この国で政治の舵を取ろうとしているのは、なんでもありの利権屋たちであり、かれらの手盛りの『民

主化』である。公共性はコケにされ、不法が大手を振って罷り通っている」(7頁)、「議会のなかで何がおこなわれているのか、なぜそうするのか、有権者にはそれを知る絶対的な権利があるはずだが、そんなことは選挙民には隠しておけと、かれらは主張するのだ」(10-11頁)。

18　同上書、154頁。

19　山口アンナ真美『Paulo Freire and the Challenge to Change Public Schools : The Influence of the Experience with the Municipal Schools of Sao Paulo on Freirean Conceptualization of Education（パウロ・フレイレと公教育変革の挑戦：フレイレの教育概念におけるサン・パウロ市立学校実践の影）』(博士論文)、北海道大学、2002年。

20　アベルトゥーラはフェゲレード大統領（任期：1979-1985年）の任期中に、本格化している（堀坂、1987年、前掲書、60頁）。具体的には、全学連（União Nacional dos Estudantes: UNE）の再結成の黙認（1979年5月）、政治犯の恩赦（同年8月）、二大政党から多党制への政党改編（同年11月）、州知事の直接選挙制の復活および上院間接選出議員の廃止（1980年11月）が実施された（同上書、67頁）。なお、政党改編によって、与党国家革新同盟（ARENA）が民主社会党（PDS）に改名、野党ブラジル民主運動（MDB）の主力勢力がブラジル民主運動党（Partido do Movimento Democrático Brasileiro: PMDB）を結成し、第一野党となっている。

21　大串、1996年、前掲書、28頁。

22　同上書、11-12頁、52-54頁。

23　松下冽「ラテンアメリカにおける労働運動の再構築：ブラジル労働運動と労働者党の挑戦」田口富久治・小野耕二（編）『現代政治の体制と運動』青木書店、1994年、270頁。

24　大串、1996年、前掲書、49-51頁。

25　労働者党（PT）の構成員には、新しい労働運動の指導者、左翼知識人、カトリック活動家、各種社会運動の活動家（フェミニスト運動、エコロジー運動、黒人運動、同性愛者の運動など）、トロツキストを中心とする種々のミニ左翼政党の活動家、州議会・国会議員がいた（同上書、68頁）。

26　同上書、68-69頁。

27　同上書、70頁。

28　Zientarski, Clarice. *Os Movimentos dos Educadores Brasileiros e os Caminhos da Democratização da Educação*. XIV Simpósio Brasileiro de Política e Administração da Educação III Congresso Interamericano de Política e Administração da Educação Universidade Federal do Espírito Santo Centro de Educação - Programa de Pós-Graduação (PPGE) 2009, Trabalhos Completos (Edição Revisada), pp.7-8.（http://www.anpae.org.br/congressos_antigos/simposio2009/61.pdf　2017年8月12日参照）

29　Andreotti, Azilde L., Lombardi, José Claudinei e Minto, Lalo Watanabe (org.). *História da Administração Escolar no Brasil: do Diretor ao Gestor* (2ª Ed.). Campinas- São Paulo: Editora Aliança, 2012, pp.154-155.

30 ILO・ユネスコ『教員の地位に関する勧告』(1966 年) では、教員の社会的地位や、他の専門職集団と比較しての教員の労働条件や報酬に関して、「教職への準備」「教員の継続教育」「雇用とキャリア」「教員の権利と責任」「効果的な授業と学習のための条件」「教員の給与」「社会保障」「教員不足」の観点から国際的準則を提示している。そのなかで、「雇用とキャリア」に関して、「教職における雇用の安定と身分保障は……中略……たとえ学校組織、または、学校内の組織に変更がある場合でも、あくまでも保護されるべきである」ことや、「督学官および教育行政官、教育管理者あるいはその他、特別責任を持つ職など教育に責任をもつ職はできる限り広く経験豊かな教員に与えられなければならない」、「昇格は、教員団体との協議により定められた、厳密に専門職上の基準に照らし、新しいポストに対する教員の資格の客観的な評価にもとづいて行なわなければならない」ことが謳われている (ILO・ユネスコ『教員の地位に関する勧告』1966 年。内容に関しては、文部科学省の仮訳を参考にしている (http://www.mext.go.jp/unesco/009/004/009.pdf 2018 年3 月 13 日参照)。

31 Bello, Melissa Colbert. *Professoras e Professores em Greve? Memórias do Congresso do Magistério Público do Paraná (1968)* . Dissertação (Mestrado em Educação), Universidade Federal do Paraná, 2013, p.67.

32 ブラジルでは 1930 年代から 40 年代にかけて、州レベルの教員組合が結成されている (Políticas Sociales en América Latina (SOPLA). *Sindicatos Docentes y las Reformas Educativas en América Latina: Brasil*. Rio de Janeiro: Fundação Konrad Adenauer, 2008, p.14.)。ラテンアメリカにおける教員組合と政府との論争は、つぎの 3 点にまとめられる。1 つめは、労働条件や年金などの経済的側面、2 つめは、教育政策の意思決定における教員の参加を含む政治的側面、3 つめは、分権化や私事化、国際機関の教育への干渉などのイデオロギー的側面である (Palamidessi, M. *Sindicatos Docentes y Gobiernos: Conflictos y Diálogos en Torno a la Reforma Educativa en América Latina* (Documentos No. 28 de PREAL). Santiago: PREAL, 2003, p.15.)。

33 Bello, 2013, *op.cit.*, p.119.

34 Wachowicz, *op.cit.*, 1991, p. 1.

35 Bello, 2013, *op.cit.*, p.74.

36 1970 年代のブラジルにおいて開催された教員組織の会議としては、たとえば、公立の初等教育と中等教育の教員からなる全国的な教員組織「ブラジル教員連盟」(Confederação dos Professores do Brasil: CPB) が、1974 年に「初等中等教育改革を実践する仲介者としての教員」、1978 年に「ブラジルの教育問題」、1981 年に「教育と民主主義」というテーマで会議を開催している (Cunha, Luiz Antônio. *Educação, Estado e Democracia no Brasil*. São Paulo: Cortez, 1991, p.74)。ちなみに、ブラジル教員連盟は、1988 年に全国教職員連盟 (CNTE) に加盟し、「新しい労働運動」に加わっている (CNTE http://www.cnte.org.br/index.php/institucional/a-cnte 2018 年 3 月 17 日参照)。

37 Wachowicz, *op.cit.*, 1991, p. 2.

38　Paro, Vitor H. "A Natureza do Trabalho Pedagógico." *Revista da Faculdade de Educação*. Vol.19, No.1, 1993, p.108.

39　Canesin, Maria Tereza. *Um Protagonista em Busca de Interlocução: Um Resgate da História do Movimento de Professores da Rede Pública de 1º e 2º Graus em Goiás, na Conjuntura 1979/1989.* Tese de Doutorado, PUC-SP, São Paulo, 1993, p.251.

40　*Ibid.*, p. 5.

41　2014 年 8 月 27 日実施の Wachowicz, Lílian A. 氏への聞き取り調査では、1984 年 11 月 21 日付法令第 7961 号の策定にあたっては、彼女を含め、15 名の人物が議論している。その際、児童生徒の参加に否定的なものはいなかった。しかし、Wachowicz 氏は児童生徒と保護者の票の価値よりも、教職員の票の価値を大きくすべきだとする主張をしているが、他の参加者はそれに反対し、結局はすべての票が平等に扱われる規定となったという。

42　Paro, Vitor H. *Eleição de Diretores: A Escola Pública Experimenta a Democracia*. São Paulo: Xamã, 2003, pp.49-72.

43　堀坂は、大学における教職員、学生参加の学長選挙や、農地改革を要求する農民の直接行動、労働組合組織の枠を超えた産業横断的な労働運動の展開も、参加を求める動きの一環であるとしている（堀坂、1987 年、前掲書、107-108 頁）。

44　タンクレード・ネーヴェスは大統領就任後、急逝し、代わりに副大統領であったジョセ・サルネイが大統領に就任した。

45　堀坂、1987 年、前掲書、12 頁。

46　Paro, 2003, *op.cit.*, p.63.

47　ヴィクトル・チビタ財団（Fundação Victor Civita）は教育活動に携わっている企業の 1 つである。ブラジルの教育は、他のラテンアメリカ諸国と比較しても、企業の教育への関与が大きいという特徴をもっている（オッペンハイマー，アンドレス（著）・渡邉尚人（訳）『ラテンアメリカの教育戦略』時事通信社、2014 年、193-215 頁）。たとえば、公教育のなかに取り込まれた「全員が教育のために（Todos pela Educação）」運動は、教育の充実化を求めた企業家たちによって 2006 年に立ちあげられたもので、この運動が立てた 5 つの目標達成に向けて、教育状況を統計的にモニタリングし、その結果を政府や市民に公表することで、教育改善がめざされている。

48　パラー州は、連邦政府が実施した「初等教育のアクセスと質の向上および地域間格差を改善するための初等教育振興と教職向上の基金（Fundo de Manutenção e Desenvolvimento do Ensino Fundamental e de Valorização do Magistério: FUNDEF）」（1998 年実施）のパイオニアの 1 つであり、構想段階であった 1996 年にすでに「パラー州における初等教育振興」と称される提案をだし、教育改革に取り組みはじめている。具体的には、①就学前教育および初等教育（1-4 年）の市営化、②意思決定と制度運営の多様なレベルへの分権化、③学校給食の市営化（と規則化）、④教育の質の向上、⑤予算不足の軽減、⑥下部組織の活動のための州教育局の予算の移行、⑦学校と地域社会の統合、⑧中等教育の拡大と職業指導の

改善、⑨州内の学校間の交流の活性化と強化である（de Jesus Paes Loureiro, João. "Descentralização, Municipalização e FUNDEF no Pará." Sarmiento Gómez, Alfredo e Costa, Vera Lúcia Cabral et.al. (eds.), *Descentralização da Educação: Novas Formas de Coordenação e Financiamento*, São Paulo: FUNDAP/Cortez, 1999, pp. 122-140)。そのなかで、パラー州教育局は公立学校の民主的運営のための教育行政の分権化として、各学校における校長直接選挙の導入に着手しはじめている。1997 年に校長直接選挙のマニュアルが構想され、1998 年にパラー州の教育制度を規定したパラー州法令第 6170 号において、公教育の基礎教育における民主的運営の原則の１つとして、「選挙規定のもとでの、各学校の管理職（校長と副校長）の選考における学校コミュニティの効果的な参加」（第 12 条IV、傍点は筆者加筆）が規定された。

49 筆者が 2014 年に実施したパラー州イガラペアスー市での調査においても、1997 年頃から校長直接選挙を実施する州立学校があることを確認している（田村徳子「ブラジルにおける校長直接選挙の意義と課題：パラ州イガラペアスー市の事例」『教育行財政研究』第 42 号、2015 年、43-45 頁）。

50 Coelho, Maria do Socorro da Costa, *et. al. A Estrela de Várias Pontas: O Debate Inicial sobre as Políticas Sociais no Pará.* Belém: Paka-Tatu, 2009, p.125.

51 和田昌親（編著）『ブラジルの流儀：なぜ「21 世紀の主役」なのか』中央公論新社、2011 年、214-217 頁。

52 校長直接選挙制度とは直接関連はしないが、労働者党（PT）が参加型制度を強く推進していることについて付言しておく。労働者党（PT）の中心概念には、労働者の自己実現、民主的参加、直接民主主義といったものが据えられており、その実践として世界的にも著名な制度に、ポルトアレグレ市（リオグランデドスール州）における参加型予算編成がある。これは労働者党（PT）主導で進められた制度であり、市民が個人もしくはグループの代表として公開討論（フォーラム）に参加し、予算を審議、決定していくものである（松下冽「ネオリベラル型グローバリズムと反グローバリズムを超えて(下)：途上国の参加と民主主義の視点から」『立命館国際研究』第 16 号、第 3 巻、2004 年、322-325 頁。松下冽「ブラジルにおける参加・民主主義・権力：労働者党とローカル政府への参加型政策」『立命館国際研究』第 18 号、第 3 巻、2006 年、687-700 頁）。労働者党（PT）のこのような取り組みからも、労働者党（PT）がブラジルで躍進したことは、校長直接選挙制度の展開にとっても、プラスの要素であったと捉えられる。ブラジルにおける労働者党（PT）と参加型民主主義の展開については、Avritzer, Leonardo. *Democracy and the Public Space in Latin America.* New Jersey: Princeton University Press, 2002. Avritzer, Leonardo. *Participatory Institutions in Democratic Brazil.* Baltimore: Johns Hopkins University Press, 2009 に詳しい。

53 Paro, 2003, *op.cit.*, pp.62-72.

54 校長直接制度が、連邦最高裁判所による違憲判決が出されたものとして、具体的につぎのような事例がある。たとえば、マットグロッソ州では、1989 年制定州憲法において、校長直接選挙の実施が規定された（第 237 条）。それは、1990 年 5

月 22 日付法令号 5604 号においても、「マットグロッソの教育制度における民主的運営を規定する」ものとして、承認されている。ところが、同年 10 月に、州政府が連邦最高裁判所へ訴えたことによって、規定が無効とされた。また、サンタカタリーナ州でも、1985 年法令第 6709 号において、校長直接選挙が法令化されたが、ペドロ・イヴォ州知事（ブラジル民主運動党（PMDB））率いる州政府が、連邦最高裁判所へ訴えたことにより、1988 年に法令が無効であるという違憲判決が下された。そして、校長直接選挙によって就任したすべての校長が解任され、州政府によって指名された人物が新たに校長として就任した（Paro, 2003, *op. cit.*, pp.62-72）。

55　*Ibid.*, p.68.

56　佐藤美由紀『ブラジルにおける違憲審査制の展開』東京大学出版会、2006 年、183-267 頁。

57　連邦最高裁判所に違憲訴訟を提起できるのは、大統領や上・下院議長、州立法議会議長、州知事、共和国検事総長、連邦ブラジル弁護士会、国会に代表を有する政党、労働組合総連合または全国的な階級団体に限られている（88 年憲法第 103 条）。

第4章

ブラジルの校長直接選挙制度の動向

はじめに

　本章では、2000 年代以降の校長直接選挙制度の動向について明らかにする。まず第 1 節では、ヴィクトル・チビタ財団 (Fundação Victor Civita) が実施した校長の採用・研修に関する全国的な研究調査 (2010 年) [1] を参照しながら、校長直接選挙制度の全国的な傾向を明らかにする。第 2 節では、ブラジルで最初に校長直接選挙を導入して以来、30 年以上に亘って校長直接選挙を実践しつづけているパラナ州の校長直接選挙の制度的動向について、2003 年 11 月 26 日付法令第 14231 号 (以下、03 年法令) と、2015 年 10 月 13 日付法令第 18590 号 (以下、15 年法令) および 2015 年 10 月 19 日付決議第 3373 号 (以下、15 年決議) を検討する。第 3 節では、2000 年代に入ってから、校長直接選挙を本格的に導入したパラー州における校長直接選挙の制度的動向について、2009 年 2 月 19 日付教育局行政令第 04 号 (以下、09 年行政令、修正 2009 年 3 月 27 日) と、2014 年 5 月 12 日付法令第 7855 号 (以下、14 年法令) を分析する。最後に、これらをふまえて、制度的観点からみた校長直接選挙制度の特殊性の論理を考察する。

1　ブラジルにおける校長直接選挙制度の全国的傾向

　本節では、ブラジル全国で展開する校長直接選挙の制度内容について、第 3 章でも参照したヴィクトル・チビタ財団の校長の採用・研修に関する全国

的な研究調査（2010年実施）を手がかりに分析する。

（1）校長直接選挙の実施形態

ヴィクトル・チビタ財団は、全国の州教育局および各州都の市教育局にアンケートを配布し、校長採用と研修に関する実施状況を調査している。その結果から、校長直接選挙の実施形態として以下の4つのパターンに整理することができる[2]。それは、①校長直接選挙のみの実施（9州）、②校長直接選挙と試験との組みあわせによる実施（4州）、③校長直接選挙と認定との組みあわせによる実施（1州）、校長直接選挙と試験と認定の組みあわせによる実施（2州）である。この結果からは、校長直接選挙はそれ単独で用いられることがもっとも一般的であるといえるが、それとほぼ同割合で、他の選考方法と組みあわせて用いられていることがわかる。それぞれのカテゴリーに対応する州名は**表4-1**にまとめている。

これら4つのパターンそれぞれの校長直接選挙のプロセスについて、以下、具体的に州の規定を取りあげ、検討する。事例として取りあげるのは、①校

表4-1　州別にみる校長直接選挙制度の用いられ方[注1]

校長直接選挙のみ	校長直接選挙と別の採用方法との組みあわせ	
	試験	認定
リオグランデドノルテ ピアウイ マットグロッソ 連邦直轄区 パラナ リオグランデドスール パラー[注2] パライーバ[注2] リオデジャネイロ[注2]	セアラー バイーア ゴイアス マットグロッソドスール	アクレ
	試験と認定	
	ペルナンブーコ ミナスジェライス	

出所：Fundação Victor Civita. *Mapeamento de Prática de Seleção e Capacitação de Diretores Escolares*. Curitiba: Fundação Victor Civita, 2011, p.81 より、筆者作成。
注1：州教育局に対するアンケート調査結果を分類しているため、対象となる教育段階は、主に中学校もしくは高等学校である。
注2：指名を併用している。

長直接選挙のみのパラナ州、②校長直接選挙に試験を組みあわせているバイーア州、③認定を組みあわせているアクレ州、④試験と認定を組みあわせているペルナンブーコ州である。

①校長直接選挙単独：パラナ州の事例

まず、1つめの校長直接選挙のみで校長選考をおこなうプロセスを確認する。ただし、パラナ州の詳しい制度に関しては本章第2節で扱うので、ここでは簡単に述べるに留めておく。03年法令によれば、校長直接選挙は、校長候補と副校長候補で構成されるグループ（以下、立候補グループ）に対する学校コミュニティによる直接、秘密、任意選挙でおこなわれるとされる（第3条）。投票の結果、最多得票率を獲得した立候補グループが校長と副校長として任用される（第10条2項）というシンプルなプロセスである。

②校長直接選挙と試験の組みあわせ：バイーア州の事例

校長直接選挙と試験を組みあわせているバイーア州の2011年8月19日付政令第13202号の規定をみると、校長採用はつぎの2段階で説明されている。第1段階は学校運営に関する知識を問う試験、第2段階は校長直接選挙である。

第1段階の学校運営に関する知識を問う試験に関して、2011年10月6日に実施された試験の要綱を確認すると[3]、試験は80問からなる4択問題で、問題内容は、①法律（15問）、②予算執行（10問）、③学校運営（30問）、④運営計画（5問）、⑤教材（20問）の5領域で構成されている。試験時間は3時間30分で、48点以上（1問1点）の得点、すなわち6割以上の正答率で合格とされる。そしてこの試験で合格した候補者のみが、第2段階の校長直接選挙の候補者となることができる。第2段階の校長直接選挙では、立候補グループとして立候補し（第10条）、多数をとった立候補グループが校長と副校長として採用される。

③校長直接選挙と認定の組みあわせ：アクレ州の事例

　校長直接選挙と認定を組みあわせているアクレ州の 2003 年 11 月 11 日付法令第 1513 号によれば、校長の選考には 2 つの段階が設定されている。第 1 段階の学校管理職向けの研修と、第 2 段階の学校コミュニティによる直接選挙である（第 5 条）。

　第 1 段階の研修の内容としては、以下の 7 つの項目が組み込まれている（第 5 条 I 項）。①人材とプロセス管理、②教育法規、③コミュニケーションツールと文字の表現、④児童生徒の統合的発達、⑤カリキュラムの構築と履行、⑥学校評価と運営方法、⑦運営計画の策定である。アクレ州行政局の広報によれば、2012 年に 60 時間の研修コースが実施されている [4]。そこでおこなわれる試験で 70% 以上得点すると認定を受けることができ、第 2 段階へ進むことができる。そして、第 2 段階の校長直接選挙では、教員、職員、保護者、児童生徒による直接投票がおこなわれ、最多得票者が校長として採用される。採用された校長は、州教育局の常勤教職員以外から、教育コーディネーターと運営コーディネーターを選び、管理職組織を結成する（第 4 条単項）。

④校長直接選挙と試験と認定の組みあわせ：ペルナンブーコ州の事例

　校長直接選挙と試験と認定を組みあわせているペルナンブーコ州の 2012 年 4 月 25 日付政令第 38103 号では、校長の選考として 2 つの段階が設けられている。第 1 段階の審査、第 2 段階の審議（校長直接選挙 [5]）である（第 1 条）。

　第 1 段階の審査は、州教育局がペルナンブーコ大学と提携した学校運営者継続研修プログラム（PROGEPE:Programa de Formação Continuada de Gestores Escolares de Pernambuco）をとおしておこなわれる。応募者は、同研修プログラムで実施される学校管理職に関するコースを受講することによって、学校運営に関する知識の認定を受ける。そのことを含め、つぎの段階に進むためには、以下の 5 点を満たす必要がある（第 13 条）。1 つめは、学校運営のコース（Curso de Aperfeiçoamento）（年間 180 時間）を修了していること、2 つめは、1 つめのコースに 80% 以上出席していること、3 つめは、そのコースで 7 ポ

イント以上の点数をとって認定を受けていること、4つめは、審議（校長直接選挙）段階の申請日において、立候補を志望する学校に従事していること、5つめは、教育指標（IDEB、IDEPE、SAEPE[6]）を盛り込んだ学校運営計画を学校コミュニティに提出することである。これらの要件を満たす10名までがつぎの段階へ進むことができる。

そしてつぎの第2段階の審議（校長直接選挙）では、応募者のなかから教職員、児童生徒、保護者による直接選挙をおこない、3名の校長候補者リストが作成される（第1条5項）。その候補者リストは州政府へ提出され、州政府がそのリストのなかから1名を選出し、校長として任命するというプロセスである。任命された校長は、同じく認定を受けた候補者のなかから副校長を指名し、管理職組織を結成することができる（第2条）[7]。

（2）校長直接選挙の参加条件
①校長直接選挙への立候補条件

つぎに、校長直接選挙への立候補条件について、校長直接選挙を実施する16州の規定をまとめたものが**表4-2**である。ここからわかることは、校長直接選挙に立候補する条件として、大学で教員養成課程を修了していることと、教員としての2、3年の勤務経験を有することが一般的傾向であるということである。つまり、校長直接選挙では、日本のいわゆる民間人校長とは異なり、教育の専門性と経験をあわせもっている人材が立候補できる制度設計となっている。

②校長直接選挙の有権者

また、同様に、校長直接選挙を実施する16州の規定から、校長直接選挙で投票できる条件をまとめたものが**表4-3**である。ここからわかるのは、有権者である保護者と児童生徒に関しては一定の制限が加えられているということである。具体的には、児童生徒には年齢もしくは学年の条件があり、低年齢や低学年の児童生徒が投票できないように設定されている。選挙権が与えられている児童生徒の傾向としては、年齢では12歳以上がもっとも多く、

表4-2　校長直接選挙への立候補条件

地域	州名	修了した課程・専攻				教員歴
		学部			大学院	
		教員養成課程	教育分野	分野不問	教育分野	
北部	パラー	○			○	2年
	アクレ	○				5年
東北部	セアラー			○		2年
	リオグランデドノルテ		○			2年
	ペルナンブーコ	○				5年
	バイーア	○				6か月
	ピアウイ					2年
	パライーバ	○				2年
中西部	マットグロッソ	○				2年
	マットグロッソドスール		○			3年
	ゴイアス	○				2年
	連邦直轄区		○			3年
南東部	リオデジャネイロ					1年
	ミナスジェライス	○	○			記載なし
南部	パラナ	○				90日
	リオグランデドスール		○			3年

出所：以下の各州の規定より筆者作成。
Governo do Distrito Federal. *Lei n° 4.751.* 7 de Fevereiro de 2012.
Governo do Estado do Acre. *Lei n°1.513.* 11 de Novembro de 2003.
Governo do Estado do Bahia. *Decreto n° 13.202.* 19 de Agosto de 2011.
Governo do Estado do Ceará. *Decreto n° 29.452.* 24 de Setembro de 2008.
Governo do Estado do Goiás. *Lei n° 13.564.* 8 de Dezembro de 1999.
Governo do Estado do Mato Gross. *Lei n° 7.040.* 1 de Outubro de 1998.
Governo do Estado do Mato Grosso do Sul. *Lei n° 3.244.* 6 de Junho de 2006.
Governo do Estado do Minas Gerais. *Decreto n° 43.602.* 19 de Setembro de 2003.
Governo do Estado do Pará e Secretaria de Estado de Educação. *Portaria n° 04/2009–GS.* 2009.
Governo do Estado do Paraíba. *Lei n° 7.983.* 10 de Abril de 2006.
Governo do Estado do Paraná. *Lei n° 14.261.* 26 de Novembro de 2003.
Governo do Estado do Pernambuco. *Decreto n° 38.103.* 25 de Abril de 2009.
Governo do Estado do Piaui. *Decreto n° 13.868.* 30 de Setembro de 2012.
Governo do Estado do Rio de Janeiro. *Lei n° 2.518.* 16 de Janeiro de 1996.
Governo do Estado do Rio Grande do Norte. *Decreto n° 18.463.* 24 de Agosto de 2005.
Governo do Estado do Rio Grande do Sul. *Lei n° 10.57.* 14 de Novembro de 1995.
注：「○」が複数ついている場合は、いずれか1つの条件が求められている。

表 4-3 各州が定める校長直接選挙における投票資格

地域	州名	児童生徒 注1		保護者 注2	教員	職員	決定権
		年齢	学年				
北部	パラー	12 歳以上		○	○	○	記載なし
	アクレ	13 歳以上	5 年生以上	○	○	○	教職員 50% 保護者・児童生徒 50%
北東部	セアラー	12 歳以上	6 年生以上	○	○	○	記載なし
	リオグランデドノルテ	○	○	○	○	○	教員 25% 職員 25% 保護者 25% 児童生徒 25%
	ペルナンブーコ	14 歳以上		○	○	○	記載なし
	バイーア	12 歳以上		○	○	○	記載なし
	ピアウイ	12 歳以上	6 年生以上	○	○	○	記載なし
	パライーバ	12 歳以上		○	○	○	記載なし
中西部	マットグロッソ	12 歳以上	5 年生以上	○ (18 歳未満)	○	×	記載なし
	マットグロッソドスール	12 歳以上		○	○	○	教職員 33.33% 保護者 33.33% 児童生徒 33.33%
	ゴイアス	11 歳以上	4 年生以上	○	○	○	教職員 50% 保護者・児童生徒 50%
	連邦直轄区	13 歳以上		○	○	○	教職員 50% 保護者・児童生徒 50%

地域	州名	児童生徒[注1]		保護者[注2]	教員	職員	決定権
		年齢	学年				
南西部	リオデジャネイロ	12 歳以上	5 年生以上	○ （幼稚園児）	○	○	教職員 50% 保護者・児童生徒 50%
	ミナスジェライス	14 歳以上 （初等教育）	高等学校	○ （14 歳未満の 小・中学生）	○	○	記載なし
南部	パラナ	16 歳以上	高等学校／ 職業科	○ （16 歳未満）	○	○	教職員 50% 保護者・児童生徒 50%
	リオグランデドスール	12 歳以上	4 年生以上	○ （18 歳未満）	○	○	教職員 50% 保護者・児童生徒 50%

出所：以下の各州の規定より筆者作成。
Governo do Distrito Federal. *Lei nº 4.751*. 7 de Fevereiro de 2012.
Governo do Estado do Acre. *Lei nº1.513*. 11 de Novembro de 2003.
Governo do Estado do Bahia. *Decreto nº 13.202*. 19 de Agosto de 2011.
Governo do Estado do Ceará. *Decreto nº 29.452*. 24 de Setembro de 2008.
Governo do Estado do Goiás. *Lei nº 13.564*. 8 de Dezembro de 1999.
Governo do Estado do Mato Gross. *Lei nº 7.040*. 1 de Outubro de 1998.
Governo do Estado do Mato Grosso do Sul. *Lei nº 3.244*. 6 de Junho de 2006.
Governo do Estado do Minas Gerais. *Decreto nº 43.602*. 19 de Setembro de 2003.
Governo do Estado do Pará e Secretaria de Estado de Educação. *Portaria nº 04/2009–GS*. 2009.
Governo do Estado do Paraíba. *Lei nº 7.983*. 10 de Abril de 2006.
Governo do Estado do Paraná. *Lei nº 14.261*. 26 de Novembro de 2003.
Governo do Estado do Pernambuco. *Decreto nº 38.103*. 25 de Abril de 2009.
Governo do Estado do Piaui. *Decreto nº 13.868*. 30 de Setembro de 2012.
Governo do Estado do Rio de Janeiro. *Lei nº 2.518*. 16 de Janeiro de 1996.
Governo do Estado do Rio Grande do Norte. *Decreto nº 18.463*. 24 de Agosto de 2005.
Governo do Estado do Rio Grande do Sul. *Lei nº 10.57*. 14 de Novembro de 1995.
注1：児童生徒の参加は、年齢もしくは学年の設定がある。
注2：保護者の条件の（　）は、子どもの年齢もしくは学年を示している。

94

学年では 5 年生（10 歳相当）以上というのがもっとも多い[8]。つまり、投票に際してある程度、判断できることが考慮されているといえる。また、保護者については、多くの州で保護者全員が対象となっているが、一部の州では選挙権のない子どもの代わりの保護者が投票できるような規定になっている。このように、保護者や児童生徒に 1 人 1 票の権利があるといえども、そこには一定の制限が加えられていることがわかる。

(3)校長直接選挙における票の扱い

　校長直接選挙の制度において注目すべき点として、上述の有権者が投じる票の扱いの違いがあげられる。もう 1 度、表 4-3 をみてもらいたい。表 4-3 の「決定権」の列が、教員、職員、保護者、児童生徒の集団に与えられている決定権の割合を示したものである。校長直接選挙を実施する 16 州のうち 8 州においては、集団ごとに決定権の割合が設定されている。つまり、1 票の価値が異なるような計算式を用いて、得票率を集計する方式をとっている。その一般的なものとしては、教職員群と児童生徒・保護者群の 2 群にわけ、この 2 群の決定権を同じ（50% ずつ）にする方法である。具体的には以下の計算式が用いられている。

$$最終得票率 = \frac{保護者・児童生徒からの得票数 \times 0.5}{保護者・児童生徒の有効投票数} + \frac{教職員からの得票数 \times 0.5}{教職員の有効投票数}$$

　こうした方式を採用している州は、6 州（アクレ州、ゴイアス州、連邦直轄区、リオデジャネイロ州、パラナ州[9]、リオグランデドスール州）ある。一般的には、教職員数よりも保護者・児童生徒の数の方が多いことを考慮すると、こうした計算式を設定している州においては、教職員の 1 人ひとりの意見により価値が置かれていることになる。このような設定は、中西部と南部の州でみられる傾向にあり、教員組合の規模との関連が示唆される。その他、少数派ではあるが、リオグランデドノルテ州では、教員と職員と児童生徒と保護者の 4 群にわけ、それぞれが 25% ずつの決定権をもっており、また、マッ

トグロッソドスール州では、教職員と保護者と児童生徒の 3 群にわけ、それぞれが 33.33% ずつの決定権をもっている。このように、どの集団にどれだけの決定権を付与するのかに関しても、各州さまざまな規定がみられる。一方で、残る 8 州においては、こうした計算式の規定はみられない。つまり、すべての 1 票が平等に扱われている。いずれにせよ、こうした各集団への決定権の割り当ての違いは、どの集団の意見を重視するのか、あるいは平等に扱うのかについて、多様な解釈が存在していることを示している。

　以上の校長直接選挙の制度内容をまとめると、校長直接選挙には、事前の試験や研修の実施の他に、立候補の条件、投票できる条件、票の扱い方に関する規定を設定することで、校長として選ばれる人材の専門性を、事前に一定の基準まで確保する制度となっているのである。

（4）調査対象の選定

　次節以降、近年の校長直接選挙制度の動向と実践をより詳細に捉えるために、南部パラナ州と北部パラー州に着目する。対象としてこの 2 州を選定したのは、以下の理由による。

　第 2 章で検討した校長直接選挙の導入と展開の経緯も含め、前節までの検討からは、校長直接選挙の状況について以下のことが明らかとなった。1 つには、校長直接選挙は、歴史的にみると、軍事政権からの民主化の動きの一環として、ブラジルの南の地域を中心として導入されている。一方で、民政移管後の 1990 年代の教育改革の流れのなかで、従来の南の地域だけではなく、都市化が進んでいない北の地域においても普及しはじめている。これはすなわち、校長直接選挙が、もはや社会的、経済的、教育的に進展した地域に限定した制度ではないことを示している。そしてもう 1 つには、制度面からみると、選ばれる人材を事前に審査する制度として、試験や研修を組みあわせている州があり、これによって選ばれる人材の専門性を確保する仕組みが確立されている。しかしながら、ブラジル全体でみると、こうした能力主義的な選考方法との組みあわせをせずに、校長直接選挙のみで校長を選考している州の方が多数派である。こうした場合、前項でみたような立候補条件

や投票条件、得票率を算出する計算式などのような仕組みによって、選ばれる校長の能力を確保することが可能であると想定されるが、それもなお、選ばれる人材の適性については疑問が残る。特に、都市化が進んでいない地域、すなわち、社会的、経済的、教育的水準が低い地域の場合、投票権を有する保護者や児童生徒の教育水準が低いことが想定される。そのもとで、校長直接選挙で選ばれる人材の専門性は確保され得るのであろうか。

　本節以降、南部パラナ州と北部パラー州に着目するのは、こうした疑問に答えるうえでふさわしい事例であると考えられるからである。その理由として、まず1つめは、両州が校長直接選挙のみで校長を選考しているという点である。この2州を分析することで、教員、職員、保護者、児童生徒による直接選挙のみで選考される校長直接選挙そのものの実践に迫れると考えた。2つめに、パラナ州では1983年のブラジル初の校長直接選挙を発端として、30年以上、校長直接選挙が継続して実施され、今日に至っているという歴史がある。これに対し、パラー州は、2000年代に入り校長直接選挙制度を本格的に導入した州である。これに加えて、3つめとして、パラナ州はブラジルのなかでも社会的、経済的、教育的水準が高い州であるのに対し、パラー州は社会的、経済的、教育的水準が低い州であるという点がある。「一国の中にある五つの大陸[10]」と称されるように、日本の約23倍の面積を有するブラジルでは、地域による社会的、経済的状況は大きく異なっている。したがって、対照的なパラナ州とパラー州の校長直接選挙を分析することで、校長直接選挙の実践を多面的に捉えたいという意図がある。

　以降では、この2州に着目し、ブラジルの校長直接選挙制度の最新の動向を検討する。

2　パラナ州における校長直接選挙制度の動向

　パラナ州教育局は、これまでの校長直接選挙の実践をふまえて、現状の校長直接選挙をより良い制度へと変えていくという方針をもっている[11]。2000年に入り策定された03年法令は、一部修正が加えられつつも、10年以上に

亘って、パラナ州の校長直接選挙制度を規定してきた。それが、2015年に刷新される運びとなった。本節では、03年法令を分析するとともに、15年法令および15年決議の内容を検討し、校長直接選挙の最新の制度的な動向を把握する。

（1）校長直接選挙の運営組織

　まず、校長直接選挙制度の議論に入る前に、それに関わるパラナ州の教育行政の体系を確認する。パラナ州には399の市があり、2,148の州立学校に約100万人の児童生徒が登録している[12]。教育行政は、州教育局（Secretaria Estadual de Educação do Estado: SEED）をトップとして、図4-1に示すように32に地域が区分され、それぞれに地域教育事務所（Núcleos Regionais de Educação: NRE）が設置されている[13]。そして、各地域教育事務所が、各地域の学校を管轄している。校長直接選挙も、これら州教育局、地域教育事務所、学校の3つのレベルが関わって管理運営がなされている。

　校長直接選挙の実施について、03年法令は、①州教育局による監督、②

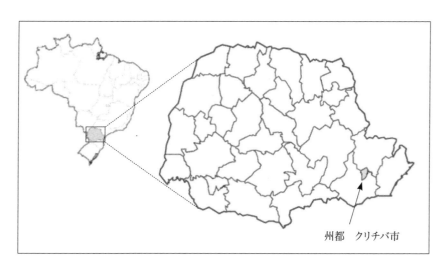

州都　クリチバ市

図4-1　パラナ州の教育行政区分
出所：パラナ州教育局ホームページより、筆者加筆・修正。

州教育局の法令補助機関による調整、③地域教育事務所および教育機関による実施によっておこなうとしている（03年法令第3条単項）。そして、各教育機関には、それぞれ互選によって選出された保護者の代表者2名、教員の代表2名、教育専門家の代表2名、職員の代表2名、児童生徒の代表2名で構成される選挙管理委員会が設置される（03年法令第5条単項）。選挙管理委員会には、つぎの役割が与えられている。①校長直接選挙の過程を管理する責務を負うこと、②校長と副校長の候補者を登録すること、③候補者の公約を発表するために学校コミュニティの総会を招集すること、④教育機関において、審議（校長直接選挙のことをさす。以下、同じ）が実施される日時の指定と広報活動をおこなうこと、⑤審議実施当日に使用する有権者名簿を作成すること、⑥投票日当日の審議を監視すること、⑦票を回収し、投票結果を集計し、公表し、議事録に記載すること、⑧審議実施後3日以内に、地域教育事務所に審議結果と異議申し立てを報告することである（03年法令第6条）。

　これに対し、15年法令では、つぎのような変更が加えられている。まず、校長直接選挙の実施に関して、①州教育局による監督、②中央選挙委員会による調整、③地域教育事務所と教育機関による実施によっておこなわれるとされた（15年法令第3条2項）。ここで新たに、中央選挙委員会なる組織が設置されているが、この中央選挙委員会の他にも、別項で地方選挙委員会と現地選挙委員会という組織が新設されている。これについて説明を加えておくと、1つめの中央選挙委員会は州教育局に設置される組織であり、州教育局にある5つの部署の代表者で構成される（15年法令第7条）。その役割としては、校長直接選挙の管理運営や、地方選挙委員会の設置とその補佐、地方選挙委員会をつうじて受理した申し立ての判断、州教育局への当選者リストの提出などである（15年決議第3条1項）。2つめの地方選挙委員会は、地域教育事務所に設置される組織であり、地域教育事務所の所長をはじめとする3つの部署の代表者4名によって構成される（15年法令第6条）。その役割には、校長直接選挙実施の公布や、学校とのやり取りをおこなう代表者の任命、州教育局の教育政策や教育機関の教育政策計画に立候補グループの公約（行動計画の提案）が適合しているかどうか、また、立候補グループのメンバーの

表 4-4　校長直接選挙の運営組織体制：2003 年と 2015 年の比較

2003 年 11 月 26 日付 法令第 14231 号	2015 年 10 月 13 日付 法令第 18590 号
第 3 条　単項 Ⅰ－州教育局による監督 Ⅱ－州教育局の法令補助機関による調整 Ⅲ－地域教育事務所とパラナ州立基礎教育ネットワークの教育機関による実施	第 3 項　2 項 Ⅰ－州教育局による監督 Ⅱ－中央選挙委員会による調整 Ⅲ－地域教育事務所とパラナ州立基礎教育ネットワークの教育機関による実施
第 5 条　単項 各教育機関において選挙管理委員会を組織するため、理事会より召集された会議において、投票権を有する各カテゴリーの代表者 2 名を同じカテゴリーの中から、生徒 2 名、教育専門家 2 名、職員 2 名を選出する。	第 5 条 各教育機関には、以下の代表で構成される現地選挙委員会が設置される。 Ⅰ－保護者の代表者 2 名 Ⅱ－教員の代表 2 名、教育専門家の代表 2 名、職員の代表 2 名、児童生徒の代表
	第 6 条 以下の地域教育事務所の代表で構成される地方選挙委員会が設置される。 Ⅰ－地域教育事務所の所長 Ⅱ－人的資本グループの代表 2 名 Ⅲ－教育チームの代表 2 名 Ⅳ－経理代表 1 名
	第 7 条 以下の州教育局の代表で構成される中央選挙委員会が設置される。 Ⅰ－教育監督室(SUED)の代表 1 名 Ⅱ－教育開発室(SUDE)の代表 1 名 Ⅲ－人的資源セクターグループ(GRHS)の代表 1 名 Ⅳ－学校法令部(DLE)の代表 1 名 Ⅴ－学校運営部(DGE)の代表 1 名

出所：2003 年 11 月 26 日付法令第 14231 号と 2015 年 10 月 13 日付法令第 18590 号より、筆者作成。

経歴が 15 年法令の規定に合致しているかを調査することなどがある (15 年決議第 3 条 2 項)。また、州教育局に提出する選挙の最終結果の取りまとめなどもおこなう。さらに、地方選挙委員会は、各学校とのやり取りを円滑におこなうために、現地代表者を任命することができ (15 年決議 3 条 2 項)、その代表者は学校と地方選挙委員会との情報や物品等を取り継ぐ役割が与えられている。3 つめの現地選挙委員会は、03 年法令の選挙管理委員会にあたるもので、学校コミュニティの代表から構成され、校長直接選挙の実施に関わ

る集会の開催、校長直接選挙の実施、得票集計、地域教育事務所への報告などの役割を担っている (15 年決議 3 条 5 項)。15 年決議のなかでは、こうした校長直接選挙に関わる組織に関する権限が詳細に規定されている[14]。このようにみると、2015 年の法改定によって、教育行政レベルに校長直接選挙に特化した組織が結成されるなど、各学校に任されていた校長直接選挙の実施をよりきめ細かに行政レベルで管理・監督できる組織体制になっていることがみて取れる (**表 4-4** 参照)。

(2)パラナ州における校長直接選挙の制度的条件：03年法令から15年法令

つづいて、校長直接選挙の制度内容について、①実施条件、②立候補の条件、③有権者の条件、④票の扱いを中心に、03 年法令と 15 年法令を比較するかたちで確認する。

①実施条件

まず 03 年法令では、校長直接選挙の前提として、「パラナ州立基礎教育ネットワークの校長および副校長の任命は行政の権限であり、本法令のもと、すべての教育機関で同時に実施される審議をつうじて、学校コミュニティに委譲される」(03 年法令第 1 条) ことを謳っている。ただし、校長直接選挙を実施しない教育機関も定められており、州教育局と契約した民間の建物で運営する学校や、宗教機関あるいはパラナ州軍警察で運営される学校は校長直接選挙の適用外とされている (03 年法令第 1 条 1 項)。校長直接選挙の原則として、「学校コミュニティによる立候補グループへの直接、秘密、任意の投票」が規定されている (03 年法令第 3 条)。校長直接選挙の実施は 3 年に 1 回、11 月に実施すると規定され (03 年法令第 3 条[15])、校長の任用にあたっては、校長直接選挙によって最多得票率を獲得した立候補グループが任命される (03 年法令第 10 条)。しかし、投票率が有権者全体の 35% に満たない場合や、立候補グループが 1 組しかいない場合において得票数が白票数を下回った場合は、15 日以内に再度、校長直接選挙が実施される (03 年法令第 18 条)。

これに対し、15 年法令では、つぎのように規定されている。まず、校長

直接選挙の前提として、「パラナ州立基礎教育ネットワークの校長と副校長
の任用は行政の権限であり、本法令の規定のもと、すべての教育機関で同時
に実施される審議をつうじて、学校コミュニティに選考が委譲される」(15
年法令第１条)とされている。03 年法令と比べると微妙な変更ではあるが、
学校に委譲されているのはあくまで選考の権限であるということが明確化さ
れた。さらに、校長直接選挙の原則には、「学校コミュニティによる立候補
グループへの直接、秘密、平等、任意の投票」(15 年法令第３条、傍点筆者加
筆)でおこなうと記載され、「平等」という言葉がつけ加えられている。先ど
りして述べると、これは、すべての１票を平等に扱うようになったことを示
している。さらに、校長直接選挙を実施する教育機関の例外として、03 年
法令と同様に、宗教機関や州の軍警察が運営する学校に加え、先住民やキロ
ンボーラ (黒人の逃亡奴隷共同体) が運営する学校と刑務所機関や社会教育施
設がつけ加えられている (15 年法令第１条単項)。校長直接選挙の実施は「11
月と 12 月の間に実施する」とのみ規定され (15 年法令第３条)、実施頻度も
含めて、具体的な記載はなくなっている[16]。ただし、校長および副校長の
任期は４年間とされ、最初の２年が経過する時点で、学校評議会に対して
学校計画に関する報告書と、教育機関の決済報告において、会計に延滞がな
い、あるいは会計検査で不認可を受けていないことを証明する書類を提出す
ることが義務づけられている (15 年法令第 18 条)。そしてこの規定に含まれ
る要件を満たした場合、つぎの２年間の学校計画案を執行することができ
るが (15 年法令第 18 条)、それを満たしていない場合、学校評議会は、行動
計画の改善案を提案することができるとされている (15 年法令第 18 条第２項)。
そしてもし、学校評議会のメンバーの３分の２が、改善する可能性がなく、
運営の継続が不可能であると判断した場合、新たに校長直接選挙が実施され
ることになる (15 年法令第 18 条第３項)。つまり、校長直接選挙の制度のな
かで、実質上、学校評議会に校長を解雇できる権限が与えられたということ
である。

②立候補の条件

03 年法令においては、立候補グループになるための条件としては、①パラナ州の教員組織、教育職員組織、行政組織、州の従属組織のいずれかに所属するもの、②教員養成課程を修了しているもの、あるいは就学前教育もしくは小学校 4 年生までの教育段階しかない学校の場合においては、少なくとも中等教育の師範コースを修了しているもの¹⁷、③立候補グループとして登録する日までに、当該校において、少なくとも 90 日間、継続勤務していること、④週 40 時間の職務に就くことが可能であること、⑤過去 2 年間に刑事事件の有罪判決を受けて服役していないこと、⑥過去 3 年間に、45 日以上の行政処分や罰金、解雇処分、免職処分、年金の剥奪の有罪判決を受けていないことである（03 年法令第 8 条）。つまり、基本的には大学で教員養成課程を修了しており、立候補する学校にある程度の勤務経験があるものであれば、立候補可能であるということである。

これが 15 年法令になると条件がつぎのようになる。①教員組織、教育職員組織、基礎教育組織職員、教育行政組織のいずれかに所属するもの、②教員養成課程を修了しているもの、③校長直接選挙が実施される学年度の初期から当該教育機関に携わっているもの、④教育機関の管理職として週 40 時間の職務に就くことが可能であるもの、⑤州教育局もしくは州教育局が提携する他の機関が提供する学校運営学の講義を受けている、または教育開発プログラムと連携する学校運営学コースを受けている、または学校運営に関する大学院ラト・センス修了者もしくは大学院ストリクト・センス修了者で、教育省が認証した修了証を有するもの、⑥教育局の教育政策と各教育機関の教育政策に則る公約（行動計画の提案）を提出するものである（15 年法令第 9 条）。さらに、立候補できない条件として、①過去 2 年以内に刑事事件の判決を受け服役していたもの、②過去 3 年以内に 45 日以上の行政処分、もしくは罰金、解任処分、免職処分を受け、年金受給資格が剥奪されているもの、③会計検査において認可されなかったものが規定されている（15 年法令第 10 条）。これら立候補条件の特徴的な点を取りあげるならば、学校運営に関する研修の受講経験や、大学院における学校運営学コースの学位の取得を義務

づけた点、つまり、選ばれる人材にいっそうの専門性を求めた点がある。さらに、学校活動計画案を策定することも条件づけることで、学校側のニーズに適応するかどうかも審査されることとなった点もある。

③有権者の条件

　03年法令で投票できるのは、①教員、②職員、③16歳未満で投票権を有していない児童生徒の保護者、④高等学校もしくは職業科に登録している生徒、⑤16歳以上で、初等教育に登録されている児童生徒（第4条、2006年に一部修正[18]）である。ブラジルにおいて16歳は政治の選挙権が与えられる年齢であることから、ある程度の社会的判断ができる年齢が設定されているといえる。

　これに関しては、15年法令においても、変更はほぼない。つまり、だれに校長を選ぶ権利を付与するかについては、現行の条件で議論がないと解釈できる。

④票の扱い

　票の集計方法に関して03年法令においては、「教職員」と「保護者・児童生徒」の2つのカテゴリーで、同等の決定権をもつような計算式を用いていた。具体的には、以下の計算式によって立候補者の最終得票率が算出されることになっていた（03年法令第11条）。つまり、前節でも言及したとおり、教職員の1票の価値が大きいということになっていた。

$$最終得票率 = \frac{保護者と児童生徒からの得票数 \times 0.5}{保護者と児童生徒の有効得票数} + \frac{教職員からの得票数 \times 0.5}{教職員の有効得票数}$$

　これに対し、15年法令になると、こうした従来の計算方式の規定はなくなり、教員、職員、保護者、児童生徒の1票がすべて同じに扱われるようになった。この規定改正を、より民主的な方法であるとして推し進めたのは、パラナ州ベト・リチャ知事が所属する与党ブラジル社会民主党（PSDB）であった。これに対し、教員組合と野党は反対の立場を取り、「平等」という

名のもとに、政府にとって都合の良い校長を任用するための戦略に過ぎない
とする主張をし、2015 年 10 月 5 日の州議会で議論を交わしている[19]。こ
うした議論は、保護者や児童生徒の参加そのものは否定しないまでも、保護
者や児童生徒の意見を教職員と平等に扱うことには、教員の専門性や政治的
中立性を損ねることにつながるとの認識がなされていることを示すものであ
る。

　このようにパラナ州における校長直接選挙の制度的動向をみると、校長直
接選挙の制度が精緻化され、より教育行政が学校をサポートできるような仕
組みになったといえる。別のいい方をすれば、教員、職員、保護者、児童生
徒が 1 票を投じて校長を選考するという従来の方式を変えることなく、行
政側の統制が強化されたと捉えることができる。

3　パラー州における校長直接選挙制度の動向

（1）校長直接選挙の運営組織

　本節では、パラー州における校長直接選挙の制度を検討する。その前にま
ず、校長直接選挙に関わるパラー州の教育行政の体系を確認する。パラー州
はブラジルで 2 番めに大きな州であり、日本の約 3.3 倍にあたる 125 万 km²
ほどの面積を有している。パラー州には市が 144 あり、それぞれに市教育
局が設置されている。州が設置主体となる州立学校は 1,045 校存在し、約
67 万名の児童生徒が就学している[20]。州の教育行政は、州教育局（Secretaria
de Estado da Educação: SEDUC）をトップとして、パラー州を 20 の地域にわけ
て、各地域に州教育局の出先機関である地域教育事務所（Regional de Educação:
URE）が設置されている。各地域教育事務所は 10 ～ 60 校程度の学校を管轄
しているが（**図 4-2**）、州都ベレン市が含まれる地域教育事務所 19 に限っては、
374 校もの学校が所在するため、さらに 20 に細分化し、それぞれ在校事務
所（Unidades Seduc na Escola: USE）が設置されている。州教育局と学校とのやり
取りは、これら地域教育事務所もしくは在校事務所をとおしておこなわれる。
また、州教育局とは別に、州教育審議会（Conselho Estadual de Educação: CEE）

図 4-2　パラー州における地域教育事務所の管轄区域

出所 :Façanha,Tainá Maria M. *O Sistema de Ensino Paraense e o Ensino de Música*. XXII Congresso Nacional da Associação Brasileira de Educação Musical. Natal: Rio Grande do Norte, 05 a 09 de outubro de 2015, p.4 より、筆者作成。
注：地図中の番号は、地域教育事務所(URE)の番号を示している。各URE が所轄している学校数は以下のとおりである。

URE 1：65 校	URE 2：12 校	URE 3：51 校	URE 4：66 校
URE 5：49 校	URE 6：11 校	URE 7：21 校	URE 8：59 校
URE 9：25 校	URE 10：18 校	URE 11：51 校	URE 12：16 校
URE 13：16 校	URE 14：71 校	URE 15：35 校	URE 16：14 校
URE 17：34 校	URE 18：33 校	URE 19：374 校	URE 20：25 校

　という組織も存在している。州教育審議会は、パラー州の公立学校と私立学校の校長や教員、大学の学長、保護者や児童生徒、学生、州教育局の代表者等で構成される組織であり、適切な学校運営がなされていることを承認する役割を担っている。学校は、定期的に州教育審議会から審査を受けることになっている。

　つぎに、パラー州における校長直接選挙の運営体制について、09 年行政令と 14 年法令の内容を確認する。09 年行政令においては、校長直接選挙は学校に設置される選挙管理委員会と学校評議会で実施されるとされている（09 年行政令第 2 条）。選挙管理委員会は、学校コミュニティ（教員、技術職員、

運営支援職員、児童生徒および保護者）の各集団の代表者の 5 名から構成され
（09 年行政令第 2 条）、校長直接選挙にかかる事前準備（書類づくり、広報、候
補者の受付など）から、選挙当日の運営、選挙結果の集計などの役割を担って
いる。それに対し、学校評議会は、選挙管理員会から受けとった選挙結果を、
州教育局へ届けでる役割がある（09 年行政令第 9 条）。そして、その報告を受
けて、州教育局が、30 日以内に校長と副校長を任命することとなる（09 年行
政令第 9 条単項）。つまり、校長直接選挙は、基本的には学校レベルに任され、
州教育局は結果の報告を受け、任用するような体制となっている。こうした
運営体制は、14 年法令でもほぼ変わることはなく、各学校の選挙委員会が
運営にあたり、学校評議会が校長直接選挙の結果を承認したのちに、地域教
育事務所／在校事務所へ結果を届け、地域教育事務所／在校事務所の承認の
もと、州教育局が任命する、というプロセスとなっている。

(2)パラー州における校長直接選挙の制度的条件：09年行政令から14年法令

　運営組織につづき、パラー州の校長直接選挙の制度内容について、①実施
条件、②立候補の条件、③有権者の条件、④票の扱いを中心に、09 年行政
令と 14 年法令を比較するかたちで確認する。

①実施条件

　選挙のあり方に関して、09 年行政令においては、「選挙は、第 4 条にもと
づいた学校コミュニティ全体の参加を保証する普遍的な投票による、直接的、
秘密的、任意的なものでなければならず、最多得票率を獲得する候補者が選
出される」（第 6 条）とされている。この条項に関しては、14 年法令において
も変更はない（14 年法令第 13 条）。
　校長直接選挙実施の前提として、09 年行政令では学校に対して 2 つの条
件が義務づけられている。1 つは、規則に準じた学校評議会が存在してい
ること、もう 1 つは、共同で作成された政治的教育的プロジェクト[21] があ
ることである（09 年行政令第 1 条）。つまり、こうした条件が整わない場合は、
校長直接選挙が実施できないということである。校長の任期に関しては、2

年間とされ、1回の再任のみ許されている（09年行政令第11条）。また、校長の欠員は、任期満了、辞職、定年退職、死亡もしくは解任によって生じ得ることであり（09年行政令第12条）、その際には、学校評議会が臨時の校長を選ぶことができるとされる（09年行政令第13条）。また、新たな選挙を実施するために、学校評議会に90日間の期間が与えられる（09年行政令第13条単項）。

　これに対し、14年法令では、校長直接選挙の実施の条件としてつぎの3つが規定されている（14年法令第3条）。1つめは、州教育審議会が定める規定内容に不備がないこと、2つめは、州教育局の財政部門により承認され、規定に準じた学校評議会があること、3つめは、認可を受けている政治的教育的プロジェクトがあることである。これをみると、14年法令においては、州教育審議会からの認可や、学校評議会の経営管理についての項目が付加されており、校長直接選挙実施のための基準がやや厳しくなっている。さらに注目しておきたいのは、14年法令の第3条単項において、「もしこれらの条件が満たされない場合は、校長および副校長は、州教育局の裁量によって充足される」とされている点である。つまり、校長直接選挙が法令化されたといえども、それは校長直接選挙実施の許可を与えるというものであると解釈できる。校長の任期は、3年とされ（14年法令第20条）、1回の再任のみが可能である（14年法令第22条）[22]。ただし、任期中の第30か月めに、当初の学校運営計画をもとに評価審査がおこなわれることとなっている（14年法令第20条第1項）。この評価が低い場合は、再び校長直接選挙へ立候補することが不可能となる（14年法令第20条第3項）。また、校長と副校長には、就任してから1年以内に、州政府が推進する州立学校ネットワークの管理職のために実施される研修への参加が義務づけられている（14年法令第19条）。また、校長の欠員が生じ得る場合として、任期満了、辞職、定年退職、死亡、解任の他に、この研修の未修了の事項が加えられている（14年法令第21条）。

②立候補の条件

　校長への立候補に関しては、09年行政令では以下の3つのいずれかの条

件に適合する必要がある（09年行政令第5条）。それは、(1) 教員養成課程を
修了した教育専門士であること、もしくは、(2) 教員養成課程を修了した教
員であること、もしくは、(3) 大学院課程で教育分野を修学した専門技術者
であることである。

　一方、14年法令では、立候補の条件として、(1) 州教育局の教員組織に属
し、教員養成課程を修了した教育専門士であること、(2) 選挙日までに3年
以上、州教育制度の学校の公職に就いていること、(3) 学校コミュニティと
共同で作成した学校教育計画に準じた運営計画案を提出すること、(4) 選挙
運動に伴う推定支出の申告を提出することが規定されている（14年法令第11
条）。

③有権者の条件

　09年行政令では、(1) 州立学校に勤務するすべての教員メンバー、(2) 学
校に従事するすべての職員、(3) 登録し、出席している12歳以上のすべての
児童生徒、(4) 児童生徒の保護者である。こうした有権者の条件は、14年法
令でもほぼ変わらない。この規定からみてもわかるとおり、パラー州の場合
は、保護者が全員参加とされ、それに加えて、12歳以上の児童生徒が参加
する形式となっている。つまり、12歳以上であれば、保護者とは別に、教
育意思を有する主体としてみなされているということである。

④票の扱い

　09年行政令と14年法令のいずれにおいても、票の扱いに言及した規定は
みあたらない。すなわち、教職員、保護者、児童生徒のすべての1票が平
等に取り扱われていると解釈される。

　以上のように、パラー州における2009年と2014年の制度規定からは、
校長直接選挙が導入されたとはいえ、その実施は義務ではなく、あくまで
も許可が与えられるというものであると解釈される。パラー州の社会的、経
済的、教育水準からすれば、校長直接選挙の実施条件として求められる条件

は、学校にとってかなり厳しいものであると想像される。

4　考察：制度からみる校長直接選挙の論理

　以上、ブラジルの校長直接選挙制度について、全国的傾向を概観するとともに、最新の動向について、パラナ州とパラー州の制度内容を具体的に検討してきた。その結果、校長直接選挙の制度には、つぎのような仕組みが設定されていることが明らかとなった。1つめは、校長直接選挙が試験や認定といった他の能力主義的な選考方法と組みあわせて用いられることによって、選ばれる人材の専門性を事前に確保、あるいは向上させる仕組みが確立していることである。2つめは、校長直接選挙のみで校長を選考する場合においては、事前の条件を厳しくすることで、適切な運営能力をもつ学校に限定したり、校長直接選挙に立候補する人材のもつ資格を限定することで、選ばれる人材の専門性を確保したりする仕組みが確立されているということである。3つめは、任用後の校長の評価が組み込まれていることである。パラナ州においては、4年の任期の中間に学校評議会による審査があり、パラー州においても就任してから第30か月目に同様の審査がある。

　以上の校長直接選挙の制度の仕組みをふまえ、ブラジルの校長直接選挙の3つの特殊性である、①直接選挙制が用いられている点、②子ども1人ひとりが参加している点、③選考における行政の専門的指導性が不在にみえる点について、制度面から考察すると、つぎのとおりとなる。

　1つめの直接選挙制については、最初の導入から30年以上が経過した現在においても、その形式は変わることなく、維持されている。そして、2つめの子ども1人ひとりが参加している点に関しては、だれでも無条件にというわけではなく、学年あるいは年齢の条件が設定されている。また、最終得票率を算出する計算式を用いることで、教職員の意思が反映されやすい制度設計となっている場合もある。ただし、その一方で、パラナ州においては近年、すべての票を平等に扱うような規定に変更になり、パラー州においてもすべての票を平等に扱う規定を維持している。こうした場合、ある程度は、

児童生徒の参加が制御されているとはいえ、教職員の意思よりも、児童生徒の意思が反映される可能性は否定できず、問題が生じている可能性も考えられる。これに対しては、実践をみる必要があるだろう。そして、3つめの選考における行政の専門的指導性が不在にみえる点については、投票には直接関わっていないものの、校長直接選挙の事前（制度設計、実施許可など）、実施中（管理・監督など）、事後（校長の研修など）において、間接的に教育行政が関わる仕組みになっている。そして、パラナ州やパラー州の両州ともに、規定が厳格化している傾向をみると、校長直接選挙における教育行政の関与が強まっていると捉えることができる。こうした動向は、1980年代の民主化の盛りあがりのなかで、民主性や学校コミュニティの代表性の象徴として導入された校長直接選挙が、時代の経過のなかで、より教育行政の専門性が反映されるような制度へと変化している過程として捉えることができる。

　このように、校長直接選挙は一見すると、校長の専門性確保に対する危険性を孕んだ制度のように捉えられるが、さまざまなかたちで選ばれる人材の専門性を確保する仕組みがあることが明らかとなった。それと同時に、直接選挙制という形式を残すことで、学校コミュニティの意思が反映されるという民主性の機能は維持されつづけている。

おわりに

　本章では、ブラジルの校長直接選挙について、制度的側面から検討を加えてきた。この結果、校長直接選挙が直接選挙制という形態を維持することで民主性の機能が保たれている一方で、試験や研修といった別の制度と併用することで、校長の専門性を確保するような制度に発展していることが明らかとなった。また、校長直接選挙のみの場合においても、制度設計のなかに、教育行政が積極的に関与する余地があることが明らかとなった。このように、校長直接選挙は、直接選挙制という民主性の機能の他に、専門性の機能も重視するように制度を変化させてきたのである。では、こうした制度下で、校長直接選挙はどのように実践されているのだろうか。次章以降は、校長直接

選挙の実践について検討を加える。

注

1　Fundação Victor Civita. *Mapeamento de Prática de Seleção e Capacitação de Diretores Escolares*. Curitiba: Fundação Victor Civita, 2011.

2　*Ibid.*, p.81.

3　Secretaria de Educação do Estado da Bahia. *Processo de Avaliação em Conhecimento em Gestão Escolar para Candidatos aos Cargos de Diretor e de Vice-Diretor de Unidades Escolares da Rede Estadual de Ensino do Estado da Bahia.*（http://www.cespe.unb.br/avaliacao/secba2011diretor/arquivos/EDITAL_CESPE__SEC_BA___DIRETOR_E_VICE___ABERTURA.PDF　2018 年 3 月 17 日参照)

4　アクレ州政府広報（Notícias do Acre）（http://www.agencia.ac.gov.br/index.php?option=com_content&task=view&id=10112&Itemid=26　2013 年 8 月 31 日参照)。

5　ペルナンブーコ州の 2012 年 4 月 25 日付政令第 38103 号では、校長直接選挙のことを「審議のプロセス（Processo Consultivo)」と記載されている。

6　基礎教育発展指標（Índice de Desenvolvimento da Educação Básica:IDEB）はブラジル教育省が算出する教育の質に関する教育指標である。ペルナンブーコ基礎教育発展指標（Índice de Desenvolvimento da Educação Básica de Pernambuco: IDEPE）およびペルナンブーコ基礎教育評価システム（Sistema de Avaliação da Educação Básica de Pernambuco: SAEPE）は、ペルナンブーコ州の児童生徒の学業到達度を測定したものである。

7　ペルナンブーコ州の 2012 年 4 月 25 日付政令第 38103 号では、校長の選考プロセスに加え、第 3 段階として養成が設定されている。その養成プロセスでは、任命された校長はエスペシアリザッサンのコースを受講する、あるいは修士課程を修了することをとおして、学校運営や教育のモニタリング・評価の能力を高めることがめざされている（第 1 条第 1 項III)。

8　序章でも言及したとおり、ブラジルの教育段階は、初等・前期中等教育（小学校・中学校）が 9 年間（6 歳から 14 歳）、後期中等教育（高等学校）が 3 年間（15 歳から 17 歳）である。

9　パラナ州では、15 年法令からは教員、職員、保護者、児童生徒の 1 票がすべて平等に扱われるようになった（本章第 2 節(2)参照)。

10　イシ，アンジェロ「一国の中にある五つの『大陸』:格差社会の縮図」『ブラジルを知るための 56 章』（第 2 版）明石書店、2010 年、18-21 頁。

11　2014 年 8 月 19 日実施の教育局職員への聞き取りによる。

12　パラナ州教育局のホームページより（http://www.consultaescolas.pr.gov.br/consultaescolasjava/pages/templates/initial2.jsf;jsessionid=p6Y1SuJig1iNbWjqwzGrCm_iMmmMXL6aUFkMGpt--.ssed75003?windowId=129　2018 年 3 月 25 日参照)。そのうち、宗教系団体や軍警察が運営する協定校が 39 校あり、約 6,000 人が登録している。

13　2007 年 9 月 5 日付行政令第 1396 号において、「地域教育事務所（NRE）は、教

育局の方針を遵守しながら、州立学校、市立学校および私立学校のネットワークの初等・中等教育、正規教育、青少年・成人教育、特別教育について、学校単位での教育機関の機能の維持と改善を目的とした措置の実施を調整、指導、制御、採用、実施、監視、評価する責任がある」（第 30 条 I）と定められている（パラナ州教育局　http://www.nre.seed.pr.gov.br/modules/conteudo/conteudo.php?conteudo=69　2017年 8 月 19 日参照）。

14　章末資料に、パラナ州の校長直接選挙に関わる組織とその役割について整理している。

15　パラナ州の校長の任期に関して、03 年法令では 2 年と規定されていたが、2006年に 3 年に修正されている。

16　パラナ州の校長直接選挙の実施時期に関しては、15 年法令のなかで「教育機関の活動が中断されたり、学校カレンダーに重大な変更が生じたりする場合、州教育局からの公示をつうじて、変更され得る」（第 3 条単項）と規定されている。

17　中等教育段階に設置されている師範コースでは、就学前教育と初等教育 5 年生までの教授資格が与えられる。

18　パラナ州における校長直接選挙での有権者の条件としては、03 年法令が 2006年に修正される以前は、「①教員と教育専門士」とされていたが、修正後は「①教員」となった。

19　Globo.（http://g1.globo.com/pr/parana/noticia/2015/10/alep-aprova-mudancas-nas-eleicoes-de-diretores-de-escolas-do-parana.html　2018 年 3 月 17 日参照）

20　パラー州教育局（SEDUC）のホームページより（http://www.seduc.pa.gov.br/site/seduc　2017 年 3 月 29 日参照）。

21　政治的教育的プロジェクトは、各学校で作成される学校運営計画でのことである。パラー州では、2 年間のプロジェクト計画の作成が求められている。

22　パラー州の校長の任期について、14 年法令において、2 年から 3 年に変更された理由としては、任期を長くすることで、長期的な視野で学校運営に携われるようにする狙いがある（2017 年 3 月 28 日実施の州教育局職員担当者 Valdo Luiz dos Santos Gaspar 氏への聞き取り調査より）。

第 4 章　章末資料　パラナ州における校長直接選挙に関わる組織とその役割

委員会	メンバー	役　　割
中央選挙委員会	1) 教育監督室(SUED)の代表 1 名 2) 教育開発室(SUDE)の代表 1 名 3) 人的資源セクターグループ(GRHS)の代表 1 名 4) 学校法令部(DLE)の代表 1 名 5) 学校運営部(DGE)の代表 1 名	1) パラナ州の基礎教育ネットワークの校長と副校長を任用するための学校コミュニティによる校長直接選挙のプロセスを運営管理する。 2) 地方選挙委員会を設置する。 3) 必要に応じて、地方選挙委員会を補佐する。 4) 地方選挙委員会から受理した申し立てについて、調査し、助言する他、判断する。 5) 校長直接選挙終了後に、地方選挙委員会から選ばれた候補者の名簿を受け取り、任用するために、それを教育局の人的資源セクターグループ（GRHS）に提出する。 （15 年決議第 3 条 1 項）
地方選挙委員会	1) 地域教育事務所の所長 2) 人的資本グループの代表 2 名 3) 教育チームの代表 2 名 4) 経理代表 1 名	1) 告示をとおして、校長直接選挙の設置を告知する。 2) 校長直接選挙のプロセスに関する各規定を監督する。 3) 市における校長直接選挙の調整のための現地代表者を任命する。 4) 中央選挙委員会から受けとったすべての情報と校長直接選挙の実施に必要なすべての情報を、現地代表者に準備し、伝達する。 5) 現地代表者の行動を調整し、監督する。 6) 校長直接選挙のプロセスに関係する条件を忠実に実行するため、不在、もしくは罷免した場合は、新たな代表者を指名し、代任者がみつからない場合は、自らが代わりになる。 7) 校長直接選挙中の疑問点を検討し、解決する。現地選挙委員会および現地代表者による決定はおこなわない。 8) 申し立てに対し、第二審議として調査をおこない、中央選挙委員会に送る。 9) 添付資料 I の期限にしたがい、当選した校長および副校長の、経歴や、市および教育機関の名称、労働時間、職務、身分証明番号、名前等が記載されたリストを準備し、中央選挙委員会に提出する。 10) 現地代表者により送付され、密封されている選挙議事録、投票監査録、最終投票結果表、投票用紙などを受理し、内密に安全な場所に 4 年間保管する。 11) 州教育局の教育政策および、教育機関の教育政策計画に、立候補グループの公約（行動計画の提案）が適合しているか、また、立候補グループのメンバーの経歴が法令 2015 年第 18590 号の規定に合致しているかを調査する。 （15 年決議第 3 条 2 項）
現地選挙委員会	1) 保護者の代表 2 名 2) 教員の代表 2 名 3) 職員の代表 2 名 4) 児童の代表 2 名	1) 校長直接選挙のプロセスに関連した規定と基準を学校コミュニティに通知する。 2) 教育機関における、校長直接選挙のプロセスを計画、管理、実行をする。 3) 会議で決定したすべての事項を議事録に記録する。

委員会	メンバー	役　割
現地選挙委員会		4）立候補グループの登録をおこない、添付資料Ⅵおよび法令2015 年第 18590 号のもと、立候補者の書類を管理しなければならない。 5）州教育局の教育政策および教育機関の教育政策計画に対し、立候補グループの公約（添付資料ⅩⅦ）が適合しているか、調査する。 6）立候補者を招集し、抽選で立候補グループの番号を決定する。 7）教育機関の様々な場所に立候補グループの番号、登録が承認されていることを公布する。（添付資料Ⅶ） 8）登録した立候補グループの公約のプレゼンテーションをおこなうため、学校コミュニティに対して総会を招集する。 9）学校コミュニティを召集し、投票をおこなうため、添付資料Ⅷにある形式を使用して、表（添付資料Ⅰ）にある予定期間に、公布する。 10）州の学校登録システムの指標をもとに、初等・中等教育に通う、投票権を有さない児童生徒の両親の数を集計する。 11）州の学校登録システムまたは成人・青年教育システムから印刷し、本決議の添付資料Ⅸ、Ⅹ、ⅩⅠにある形式に従い、アルファベット順の、最大 250 名からなる投票者リストを作成し、選挙監視委員会に提出する。 12）教育機関名義の判を投票用紙に押す。 13）添付資料ⅩⅡおよびⅩⅢにある形式にしたがい、選挙監視係を構成するもの、および投票監査官にを必ず事前に雛形を使用して、指名、認定、指示する。 14）添付資料ⅩⅣにある形式にしたがい、立候補グループの監査官を認定する。 15）選挙監視係に対し投票箱を準備する。投票をおこなう部屋に、出馬する立候補グループの番号、通称名、名前を貼る。 16）添付資料ⅩⅤおよびⅩⅥをもとに、立候補グループのメンバー変更、および立候補者のあらゆる不適正がもととなる異議申し立てを受理する。 17）受理翌日から 24 時間までに、第一審議として判断する。 18）第二審議の判断をおこなう地方選挙委員会に、現地代表者は異議、その他の申し立ての申請に対する判断を速やかに報告する。 19）選挙監視係によって解決できなかった投票監査録および投票議事録に対する異議申し立ての要請を受理、判断する。 20）投票監査録もしくは投票議事録の異議申し立ての要請に対する判断結果に不服がある場合、現地代表者は地方諮問委員会に報告し、提出する。 21）投票課程および投票監査終了後、密封されている選挙議事録（添付資料ⅩⅩ）、投票監査録（添付資料ⅩⅩⅠ）、最終投票結果表（添付資料ⅩⅩⅡ）、を代表者に提出する。 22）現地選挙委員会委員長により、審議会の最終結果を公布する。 （15 年決議第 3 条 5 項）

委員会	メンバー	役　割
現地代表者	地方選挙委員会が指名した人物	1）市におけるパラナ州基礎教育ネットワークの教育機関の校長直接選挙の実施を通知する。 2）教育機関の校長に、本決議および法令で規定された必要条件である形式および期限を忠実に、正しく実行するため、助言を与える。 3）添付資料Ⅴに基づき、添付資料Ⅰに基づく期限を遵守し、選挙現地委員会のメンバーの書類を、教育機関の校長から受け取る。 4）選挙現地委員会に、2015年第18590号および本決議に定められた規範を尊重した校長直接選挙のプロセスの実施について助言する。 5）選挙地方委員会から受けとったすべての情報と資材を選挙現地委員会に渡す。 6）投票の実施および/もしくは校長直接選挙のプロセスの最終結果に関する異議申し立てを、提訴も含め、受け取り、24時間以内に、選挙地方委員会に提出する。 7）校長直接選挙翌日に、選挙地方委員会に送付されるまで、密封した議事録、投票監査、最終投票結果を、安全で機密性のある場所で保管する。 （15年決議3条3項）

出所：2015年10月19日付決議第3373号より、筆者作成。

第5章

パラナ州における校長直接選挙の実践

はじめに

　本章以降は、パラナ州とパラー州における校長直接選挙の実践について検討する。まず本章ではパラナ州における校長直接選挙の実践について明らかにする。第1節では、公的統計のデータをもとに、パラナ州における校長直接選挙の実施状況と、立候補グループに関する情報を整理する。第2節では、校長直接選挙へ立候補し、当選を果たした7名の校長への聞き取り調査で得られたデータを分析し、校長直接選挙に立候補した経緯と、校長直接選挙に対する見解について検討する。そして第4節では、前節までの内容を総合的に考えあわせ、パラナ州での校長直接選挙の機能を明らかにする。

　なお、パラナ州の教育行政体系について確認しておくと（再掲、第4章第2節(1)参照）、パラナ州では、州政府と各市政府との役割分担は明確であり、州政府は中等教育段階以上を、市政府は初等教育段階以下を管轄している。市は399あり、そこに2,148の州立学校が存在し、約100万人の児童生徒が就学している。

1　パラナ州における校長直接選挙の状況

(1)パラナ州における校長直接選挙の実施状況

　パラナ州では原則として、すべての州立学校において一斉に校長直接選挙をおこなっている。例外は、宗教団体や軍警察によって運営されている公立

学校であり（第 4 章第 2 節 (2) 参照）、それらの学校では、各教育機関で規定されている方法で校長が採用されている。他にも、新設校で校長直接選挙の準備が整っていない場合においては、パラナ州教育局の指名によって校長が採用される。パラナ州教育局によれば、全体の約 90% の州立学校で校長直接選挙を実施しているということである[1]。州都クリチバ市の市立学校でも、全校において校長直接選挙を実施することが基本となっている。ただし、パラナ州立学校と同様に、設立されて間もない学校においてはクリチバ市教育局の指名によって校長が採用される。さらに、会計監査で問題があった学校においても、校長直接選挙の実施は許可されず、クリチバ市教育局の指名によって校長が採用される[2]。

(2) パラナ州における校長の特徴

　つぎに、パラナ州における校長直接選挙をとおして就任する校長の特徴を検討する。手がかりとするのは、国家教育調査研究所 (INEP) が 2 年に 1 度おこなっている学校調査のうち、校長へのアンケート調査の 2015 年の結果である[3]。これをもとに、公立（連邦立、州立、市立）学校の校長の個人的属性として、①性別、②年齢、③人種、④学歴、⑤教員経験の 5 つの項目を検討する。これらの項目を設定した意図はつぎのとおりである。すなわち、1 つめの性別の視点を設定するのは、教職を女性の職業とみなす社会認識があるなかで、校長直接選挙においても、そうした社会認識が強く作用し、女性が優位に選ばれているということはないか、2 つめの年齢の視点を設定するのは、他国よりも校長の平均年齢が低いなか、児童生徒が参加する校長直接選挙では、児童生徒により近しい、若い人材が支持され、選ばれているということはないか、3 つめの人種の視点は、非白人への偏見や差別がいまだに残っているとされるブラジル社会において[4]、校長直接選挙で白人が多く選ばれているということはないか、という点を確かめることにある。そして、4 つめの学歴を設定したのは、専門性の観点が考慮されているのか、さらに、5 つめの教員経験に関しても、教員経験の観点が考慮されているのか、という点を確認するためである。検定にあたっては、「選挙」を対照群とし、「競

表 5-1　採用方法別にみるパラナ州の校長の女性率

競争試験	選挙	指名	その他	全体	有意差
80.0% (n=20)	77.0% (n=2,299)	89.3% (n=821)	84.7% (n=373)	80.7% (n=3,513)	選挙 < 指名 *** 選挙 < その他 ***

出所：INEP. SAEB (ANEB/Prova Brasil) 2015 年のマイクロデータ（http://inep.gov.br/microdados　2018 年 3 月 13
日参照）より、筆者作成。
注：*** は p<0.01 を示している。

争試験」、「指名」、「その他」とを比較した[5]。ただし、「競争試験」によって就
任する校長の母数が少ないため、以下では主に「選挙」と「指名」の違いに着
目して検討することとする。

①性別

　第 1 に、校長の採用別の女性の割合を示したものが**表 5-1** である。これを
みると、第 1 章で確認した全国的な傾向に違わず、女性校長が多いことが
わかる（80.7%）。選考方法別の割合をみると、「指名」においてもっとも女性
校長の割合（89.3%）が高い一方で、「選挙」における女性校長の割合（77.0%）
はもっとも低く、選挙と指名の間に有意差が確認された。つまり、校長直接
選挙よりも指名の方が、女性校長を輩出しているということである。

②年齢

　第 2 に、年齢について、「24 歳以下」、「25 〜 29 歳」、「30 〜 39 歳」、「40 〜
49 歳」、「50 〜 54 歳」、「55 歳以上」の年齢層別に割合をあらわしたのが**図
5-1** である。パラナ州の全体的な傾向として 40 代が中心に選ばれているこ
とがわかる。こうしたなか、「選挙」において、39 歳以下の割合をみると、「選
挙」が 20.6% に対し、「指名」が 28.5% で、「選挙」と「指名」の間に有意差が
確認された。つまり、「選挙」よりもむしろ、「指名」において若い校長が就任
していることが示された。

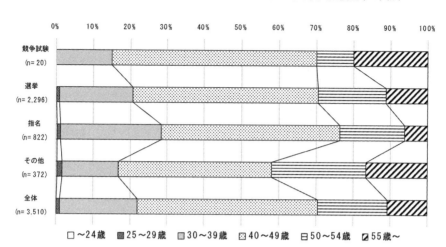

39 歳以下の割合の有意差　選挙 < 指名 ***

図 5-1　パラナ州の校長の年齢分布（採用方法別）

出所：INEP. SAEB (ANEB/Prova Brasil) 2015 年のマイクロデータ（http://inep.gov.br/microdados　2018 年 3 月 13 日参照）より、筆者作成。
注：*** は p<0.01 を示している。

表 5-2　採用方法別にみるパラナ州の校長の白人率

競争試験	選挙	指名	その他	全体	有意差
68.4% (n=19)	78.6% (n=2,292)	78.6% (n=823)	78.8% (n=372)	78.6% (n=3,506)	n.s.

出所：INEP. SAEB (ANEB/Prova Brasil) 2015 年のマイクロデータ（http://inep.gov.br/microdados　2018 年 3 月 13 日参照）より、筆者作成。
注：n.s. は not significant をあらわしている。

③人種

　第 3 に、人種構成について検討する（**表 5-2** 参照）。パラナ州は白人 70.1%、黒人 3.2%、混血 25.4%、黄色人種 1.2%、先住民 0.3% と[6]、白人がマジョリティであることを前提に、校長の白人の割合をみると、州の人口構成と同様に、白人の校長の割合（78.6%）が高いことがわかる。また、「選挙」と「指

表 5-3　採用方法別にみるパラナ州の校長の学歴

	競争試験 (n=21)	選挙 (n=2,299)	指名 (n=823)	その他 (n=373)	全体 (n=3,516)	有意差
高等教育修了者	94.7% (n=19)	99.3% (n=2,268)	98.2% (n=809)	96.8% (n=369)	98.7% (n=3,465)	選挙＞指名 ** 選挙＞その他 ***
大学院修了者	95.2% (n=21)	97.0% (n=2,295)	93.5% (n=818)	96.5% (n=373)	96.1% (n=3,507)	選挙＞指名 ***
修士号・博士号 取得者	9.5% (n=21)	3.9% (n=2,295)	2.7% (n=818)	4.8% (n=373)	3.8% (n=3,507)	n.s.

出所：INEP. SAEB (ANEB/Prova Brasil) 2015 年のマイクロデータ（http://inep.gov.br/microdados　2018 年 3 月 13 日参照）より、筆者作成。
注：*** は p<0.01 を示している。
　　n.s. は not significant をあらわしている。

名」における白人の割合（78.6%）は同率であることから、校長直接選挙において、特に白人が選ばれやすいというわけではないことがわかる。

④学歴

第 4 に、学歴について検討する。**表 5-3** はパラナ州の校長の学歴について示したものである。具体的には、採用方法別に高等教育修了者の割合と、大学院修了者および修士号もしくは／および博士号を取得したものの割合を示している。表 5-3 をみると、若干ではあるが、「指名」よりも「選挙」で高等教育修了者や大学院修了者の割合が高くなっており、有意差が確認された。つまり、「選挙」をとおして就任した校長は、「指名」よりも高学歴者である傾向にあるといえる。

⑤教員経験

第 5 に、校長の職歴について確認する。**図 5-2** はパラナ州における校長の教員歴について、「3 年未満」「3 〜 10 年」「11 〜 20 年」「21 年以上」の割合を示している。これをみると、「選挙」と「指名」ともに、11 年以上の教員歴をもっているものが主流となっており、「選挙」と「指名」の間に有意差は確

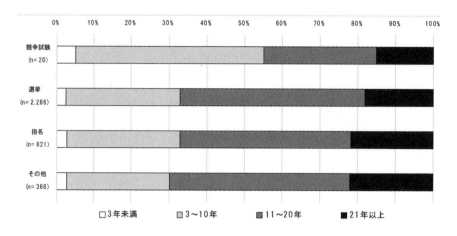

図 5-2　採用方法別にみるパラナ州の校長の教員歴

出所：INEP. SAEB（ANEB/Prova Brasil）2015 年のマイクロデータ（http://inep.gov.br/microdados　2018 年 3 月
13 日参照）より、筆者作成。

認されなかった。

　以上のパラナ州における校長の個人属性をまとめると、校長直接選挙は、
指名と比べ、男性や高学歴、高い年齢層の校長を輩出している状況がみえて
きた。

（3）校長直接選挙の立候補グループの傾向：クリチバ市立学校の状況

　つづいて、校長直接選挙で立候補するグループの傾向を分析する。着目す
るのは、パラナ州の州都クリチバ市での実践である。パラナ州教育局やク
リチバ市教育局では、全学校における校長直接選挙のデータ（立候補者の氏
名、立候補グループの数、得票率など）を管理しており、2011 年のクリチバ市
立学校 179 校での校長直接選挙と、2014 年の 184 校の校長直接選挙の立候
補グループのデータを提供してもらうことができた[7]。その内容を検討する
と、以下の 2 点の傾向が明らかとなる。
　1 つめは、各学校において立候補するグループは 1 組ないし 2 組が一般的

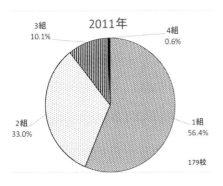

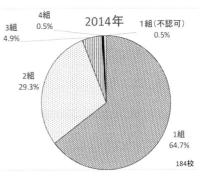

図 5-3　パラナ州クリチバ市の校長直接選挙での各学校の立候補グループ数

出所：パラナ州教育局提供のデータより、筆者作成。

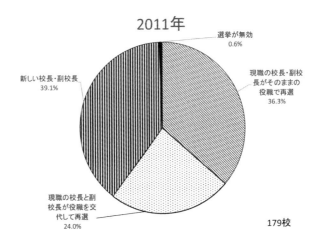

図 5-4　パラナ州クリチバ市の校長直接選挙で選出された立候補グループの特徴

（2011 年 179 校）

出所：パラナ州教育局提供のデータより、筆者作成。

であるということである。**図 5-3** は、クリチバ市の各学校において、立候補グループが何組あったのかを示したものである。これをみてわかるとおり、立候補グループが 1 組のみであった学校が圧倒的に多く、2011 年は全体の約 56%、2014 年は全体の約 65% を占めている。2 組の立候補グループがあった学校の割合 (2011 年約 33%、2014 年約 30%) をあわせると、クリチバ市立の約 9 割の学校において、立候補グループ数が 1 組か 2 組であったということである。つまり、何組もの立候補グループで競うというのは稀なケースであり、一般的には 1 組ないし 2 組の間で校長直接選挙がおこなわれている。

　2 つめは、校長直接選挙で選ばれる立候補グループとしては、現職の校長と副校長がそのまま、あるいは役職を交代して同じメンバーで当選する傾向が強いという点である。**図 5-4** は、2011 年の校長直接選挙において当選した立候補グループと、その際の現職の校長と副校長との関係を示したものである。「現職の校長・副校長がそのままの役職で再選」した場合が 36.3% (65校) ともっとも多く、ついで、「現職の校長と副校長が役職を交代して再選」した場合が 24.0% (43 校) であった。つまり、現職の校長と副校長が校長直接選挙によって再選するケースが全体の 60.3% (108 校) と、過半数を超えていた。ちなみに図 5-4 から直接読み取れることではないが、現職の校長と副校長が出馬しつつも再選しなかったケースは全体の 5.0% (9 校) のみであり、現職の学校管理職がそのメンバーのまま再選する傾向が強いといえる。

　以上の結果から、校長直接選挙においては、現職の校長と副校長が再び立候補する 1 組のみの、いわゆる信任投票もしくは、現職に対抗する新たな候補者グループとの 2 組による校長直接選挙が一般的な傾向であることがみえてきた。また、当選する傾向にあるのは現職の校長もしくは副校長ということである。では、こうした状況となるのは、いかなる要因によるものなのだろうか。

2　聞き取り調査対象の概要

　以上のような疑問を解明するために、クリチバ市で校長直接選挙をとおして就任した校長への聞き取り調査をおこなった（2014年8月、2017年3月実施）。クリチバ市にあるクリチバ地域教育事務所は、パラナ州に33ある地域教育事務所のなかでも、もっとも多くの学校数（州立学校164校、市立学校394校（就学前教育機関を含む））を抱えている[8]。こうしたクリチバ市における校長直接選挙は、パラナ州における代表性を有していると考える。調査対象の選定にあたっては、パラナ州教育局およびクリチバ市教育局に、在籍児童生徒の経済的状況や人種の割合の観点から、多様な背景の学校の校長を選出してもらった。選出されたのは、パラナ州立学校4校（2014年1校、2017年3校）と、クリチバ市立学校3校（2014年と2017年ともに同じ3校）の校長である[9]。学校およびその校長の概要は**表5-4**に示すとおりである。

　それぞれについて説明する前に、表5-4の項目について付言しておきたい。項目「社会経済レベル」は、国家教育調査研究所（INEP: Instituto Nacional de Estudos e Pesquisas Educacionais Anísio Teixeira）が各学校に在籍する児童生徒に対して実施するアンケート調査のなかの、家庭状況をたずねる項目の結果にもとづいて算出されるものである[10]。そのレベルは、「1：極めて低」（最低水準）、「2：低」、「3：中の低」、「4：中」、「5：中の高」、「6：高」、「7：極めて高」（最高水準）の7段階であらわされている。ちなみに、調査対象校は、「高」もしくは「中の高」に位置づいており、一見すると全調査対象校が恵まれた学校であるように捉えられる。しかしながら、訪問調査をとおして筆者が受けた印象としては、「高」は経済的に恵まれた子どもが多い学校で、「中の高」は経済的にやや困難を抱えた子どもが多い学校というものである。また、項目「全国学力試験（SAEB）における適正レベル到達割合」は、5年生と9年生に対して実施される国語（ポルトガル語）と算数の試験結果において、各学年において身につけるべきレベルに到達できている受験者の割合を示している。表5-4のなかで網掛けをしている部分は、その割合がクリチバ市の平均以上であることを示している。以下、調査対象校について概説する。

①A 学校（クリチバ市立、小学校）

　A 学校は、クリチバ市の中心地から車で約 20 分離れた閑静な住宅街にある。在籍児童数は約 370 名と、小規模な学校である。社会経済レベルは「高」と、社会経済的に恵まれた子どもが通っている。全国学力試験の適正レベル到達割合（5 年生）に関しては、国語と算数ともにクリチバ市の平均よりも 10 ポイント以上高く、優秀な学校であるといえる。

②B 学校（クリチバ市立、小学校）

　B 学校はクリチバ市の中心地から車で約 20 分離れた郊外に位置する学校である。在籍児童数は約 890 名と、中規模の学校である。社会経済レベルは「中の高」と、クリチバ市のなかでは経済的にやや恵まれない子どもの通う学校であると位置づけられる。全国学力試験の適正レベル到達割合（5 年生）に関しては、クリチバ市の平均程度に位置している。

③C 学校（クリチバ市立、小学校）

　C 学校は、B 学校から車で約 5 分離れた場所に位置する。在籍児童数は 1,300 名を超えており、大規模校である。社会経済レベルは、B 学校と同様に「中の高」であり、経済的には豊かな環境であるとはいえない。全国学力試験の適正レベル到達割合（5 年生）は、クリチバ市の平均よりもやや下に位置づく。

④D 学校（パラナ州立、中学校と高等学校）

　D 学校は、クリチバ市の中心部に近い場所に位置する伝統的な名門校である。生徒数は、全学をあわせて 2,900 人近くなるマンモス校である。社会経済レベルは、「高」と、経済的に恵まれた子どもが通っており、全国学力試験の適正レベル到達割合（9 年生）に関しては、クリチバ市の平均よりも 40 ポイント以上も高く、生徒の学力は極めて優秀である[11]。

表 5-4　調査対象者の所属校の概要

調査学校	A学校	B学校	C学校	D学校	E学校	F学校	G学校
調査年	2014年	2014年	2014年	2014年	―	―	―
	2017年	2017年	2017年	―	2017年	2017年	2017年
学校について							
運営主体	市立	市立	市立	州立	州立	州立	州立
教職員数	48人	112人	274人	503人	38人	78人	95人
児童生徒数	368人	885人	1,393人	2,886人	335人	1,073人	1,048人
社会経済レベル注1	高	中の高	中の高	高	高	中の高	中の高
人種構成							
白人	42%	31%	48%	48%	66%	42%	52%
混血	37%	56%	30%	31%	23%	30%	32%
黒人	2%	6%	8%	7%	4%	11%	7%
黄色人種	2%	1%	1%	4%	3%	7%	4%
先住民	5%	1%	1%	2%	1%	2%	2%
わからない	12%	5%	12%	8%	3%	8%	3%
全国学力試験（SAEB）注2における適正レベル到達割合							
5年生・国語	77%	69%	61%	―	―	―	―
5年生・算数	68%	57%	53%	―	―	―	―
9年生・国語	―	―	―	80%	45%	30%	30%
9年生・算数	―	―	―	60%	33%	13%	15%

校長について							
校長 注3	A 校長	B 校長	C 校長	D 校長	E 校長	F 校長	G 校長
性別	女	女	女	女	女	男	男
年齢	41 歳	40 歳	55 歳	40 歳代	46 歳	56 歳	47 歳
大学院での専攻 注4	学校運営学 ホスピタリティ教育学	識字学	教育学	教育学	数学 学校運営学 実験物理学	学校運営学	学校運営学 哲学 社会学
校長職の勤務年数	6 年	9 年	11 年	3 年	2 年	2 年	4 年
教員ないしは教育専門士としての勤務年数	23 年	12 年	9 年	12 年	25 年	15 年	12 年

出所：学校については、QEdu（http://www.qedu.org.br/）の 2015 年のデータより、筆者作成。校長については、筆者による聞き取り調査より、作成。

注 1：社会経済レベルは、各学校に在籍する児童生徒への家庭状況をたずねるアンケート項目の結果にもとづいて、「1：極めて低」（最低水準）、「2：低」、「3：中の低」、「4：中」、「5：中の高」、「6：高」、「7：極めて高」（最高水準）の 7 段階で算出されている。

注 2：全国学力試験（SAEB）は 5 年生、9 年生に対して、国語（ポルトガル語）と算数が実施されている。その全国、パラナ州、クリチバ市の適正レベル到達割合の平均はつぎのとおりである。なお、網掛け部分は、クリチバ市の平均以上の割合を示している。

　　　 5 年生・国語：全国 50%、パラナ州 65%、クリチバ市 67%
　　　 5 年生・算数：全国 39%、パラナ州 57%、クリチバ市 57%
　　　 9 年生・国語：全国 30%、パラナ州 31%、クリチバ市 38%
　　　 9 年生・算数：全国 14%、パラナ州 15%、クリチバ市 19%

注 3：校長のデータについては、最終調査年のものを記載している。

注 4：調査対象者は全員、大学院の修士課程や博士課程ではなく、職業向けのコースを修了している。

⑤ E 学校 (パラナ州立、中学校)

　E 学校は、クリチバ市の中心から車で 15 分ほど離れた場所にあり、周りは裕福な高齢者の住宅が建ち並ぶ閑静な住宅街に位置する。生徒数は 340 名ほどの小規模な学校であり、社会経済レベルは「高」と高く、全国学力試験の適正レベル到達割合 (9 年生) に関しても、クリチバ市の平均よりも 10 ポイント以上高い学校である。ちなみに、児童生徒は近くの地域から通うのはわずか 10% 程度で、他は遠方から通っているとのことである。

⑥ F 学校 (パラナ州立、中学校と高等学校)

　F 学校は、クリチバ市の中心から車で 35 分離れた場所に位置する。生徒数は 1,000 名を超える大規模校である。全国学力試験の適正レベル到達割合 (9 年生) はクリチバ市の平均よりも低く位置づく。付言しておくと、筆者が学校を訪れた際には、校門は施錠され、つぎの開門時間まではたとえ児童生徒であっても入校できないシステムになっていた。このように学校の出入りがかなり厳密に管理されていた様子からも、いわゆる「困難校」とみなすことができるだろう。

⑦ G 学校 (パラナ州立、中学校と高等学校)

　G 学校も、クリチバ市の中心から車で 35 分離れた場所に位置する学校である。F 学校と同様に 1,000 名を超える生徒数を抱えている。社会経済レベルをみると、「中の高」と経済的に恵まれているとはいえず、全国学力試験の適正レベル到達割合 (9 年生) は、クリチバ市の平均よりも低い。このように前述の F 学校と類似するような学校状況ではあるものの、筆者が訪問から受けた印象としては、外部に開放的であり、やや地域社会ともつながりがある学校であるように捉えられた。

　聞き取りをおこなったこれら 7 校の校長の概要は、同じく表 5-4 に示すとおりである。年齢としては、40 代から 50 代で、性別は女性が 5 名、男性が

2 名であった。すべての校長が大学院課程で学校運営学や教育学などの短期コースを修了していた[12]。また、教員あるいは教育専門士[13]の経験も 10年程度あるいはそれ以上であった。

3　聞き取り調査の結果

それぞれの校長には、(1) 校長直接選挙に立候補した経緯、(2) 2014 年校長直接選挙へ再出馬した経緯 (A 学校、B 学校、C 学校)、(3) 校長直接選挙に対する見解の 3 つの観点から聞き取りをおこなった。その内容を分析した結果、明らかとなったのはつぎのとおりである。

(1) 校長直接選挙に立候補した経緯

まず、それぞれの校長が校長直接選挙に立候補した経緯について、簡単に説明する。

① A 校長 (女性、41 歳)

2011 年実施の校長直接選挙の時まで、9 年間、A 学校に教員として勤務していた。2011 年の校長直接選挙の際、それまで 15 年間勤めていた前校長が退職するということで、前校長に薦められ出馬した。選挙には、A 校長のグループしか出馬せず、99% の得票率をとって当選している。2014 年実施の校長直接選挙の際にも、自ら進んで再出馬し、当選を果たしている。

② B 校長 (女性、40 歳)

2008 年実施の校長直接選挙の際に、同校の教育専門士に誘われて校長候補者として出馬した。校長直接選挙には、B 校長のグループの他にもう 1 グループの候補があったが、85 対 15 ほどで B 校長のグループが勝った。2011 年実施の校長直接選挙でも引き続き立候補し、校長となった。2011 年の校長直接選挙でも自分たちを含めて 2 グループが立候補

していたが、55 対 44 という接戦で、B 校長の立候補グループが勝利している。2014 年の校長直接選挙においては、校長ではなく副校長として立候補した。その校長直接選挙では、B 校長の 1 グループのみの立候補であり、そのまま当選を果たした。

③ C 校長 (女性、55 歳)

2008 年実施の校長直接選挙の際に副校長として出馬して以降、C 学校で副校長を務めていた。しかし、校長が辞めたため、2011 年の校長直接選挙では校長として立候補した。その校長直接選挙では、C 校長のグループの他に、もう 1 グループが出馬していたが、58 対 42 ほどで C 校長のグループが勝利した。2014 年の校長直接選挙に出馬した際にも、現在の学校に勤める教員らで構成した別のグループも出馬していたが、80 対 20 ほどで勝利した。

④ D 校長 (女性、40 歳代)

2007 年に当時の校長から指名され、校長補佐として D 学校で 6 か月間働いていた経験がある。その間、当時の校長の学校運営のあり方について問題が生じ、教職員や保護者の間で、校長よりも補佐である D 校長への支持が高まった。補佐の任務が終了した後は、クリチバ市の教育行政機関で勤務することになった。しかし、2010 年に当時の校長の呼びかけで、教育専門士として再び D 学校に勤務しはじめるようになった。そして 2011 年の校長直接選挙の際、教職員の要請を受けて、校長直接選挙に出馬した。2011 年の校長直接選挙には、D 校長のグループ以外にも、現職の校長から成るグループと、教員から成るグループの、あわせて 3 つのグループが立候補していた。こうしたなか、D 校長のグループが 70% ほどの得票で校長直接選挙に勝利した。

⑤ E 校長 (女性、46 歳)

2014 年に E 学校の教員として勤務しはじめた。前校長が退職したこ

とから、教員や保護者などのまわりからの薦めがあり、2014 年に校長
直接選挙に出ることにした。校長直接選挙には、別の男性教員が立候
補していたが、78 対 22 ほどで E 校長のグループが勝っている。

⑥ F 校長（男性、56 歳）

　2014 年の校長直接選挙の頃、F 学校は、施設設備の不足や教員不足、
資金不足などの問題があり、教職員や保護者が運動をおこしていた。当
時、F 校長は F 学校の教育専門士だったが、教員や保護者から要望を受
けて、校長直接選挙に立候補することにした。校長直接選挙には前校
長のグループがいたが、65 対 35 ほどで勝った。

⑦ G 校長（男性、47 歳）

　G 学校で教員として働いていた G 校長は、地域の治安が良くない状
況に対し、教育を良くすることで地域を良くしたいと思い、校長直接
選挙に立候補した。というのも、前校長の時代には、学校の施設設備
が整っておらず、教育の面で足りない部分があると感じていたからで
ある。そして、教員や保護者も改革を望んでいたという。2014 年の校
長直接選挙には、前校長のグループも立候補していたが、75 対 25 ほど
で G 校長のグループが勝った。

　以上のような経緯で校長直接選挙に立候補した調査対象者の語りを分析し
た結果、立候補の理由には、①「問題意識」、②「学校コミュニティからの信
頼」、③「現職の校長や副校長からの誘い」、④「ビジョン」、⑤「熱意」の 5
つの要因があったことがみいだされた。

①問題意識

前校長の時、学校運営がうまくいっていなかったと感じていたこと（E 校
長）や、教育面においても不十分な点があると感じていたこと（G 校長）など、
立候補当時の学校運営に対する問題点を認識していたことが校長直接選挙へ

の立候補の動機として指摘されている。また、教員不足、施設設備の不備、予算不足の問題があり、教職員とコミュニティが運動をおこしていて、学校に変化が求められていたことをあげる候補者もいた（F校長、G校長）。

②学校コミュニティからの信頼

教員や保護者から校長直接選挙にでるように薦められたケース（E校長、F校長）や、生徒も一緒に選挙活動をしてくれたケース（D校長）のように、教員や保護者、児童生徒から信頼をすでに得ていたことが校長直接選挙に出馬する動機として述べられた。

③現職の校長や副校長からの誘い

教員や保護者からの信頼の他にも、当時の校長や副校長から、管理職に欠員の穴を埋めるかたちで誘われたことが立候補理由として語られた（B校長、C校長）。

④ビジョン

立候補者のなかには、校長になった際のビジョンを有していたものもいた。「自分には勤務校の特徴を生かして、学校を良くするアイデアがあった」（A校長）や、具体的に、「放課後の課外活動（サッカー、チェス、園芸（無農薬、漢方など））や、サッカーやバレーの大会の開催を考えていた」（G校長）など、学校運営のビジョンをもっていたことが校長になりたいという思いにつながっていたことが指摘された。

⑤熱意

学校周辺の地域が貧困地域で治安が良くないことから、「教育を良くすることで地域を良くしたい」（G校長）という思いが校長になる動機として語られた。また、「意見をいう人はいるけれど、実際に校長になろうという責任感をもつ人はいなかった。自分は家族との時間をあきらめるという覚悟をもってでも、学校運営をおこなっていきたいと思った」（B校長）といったよ

うな意見もだされた。

(2)2014年校長直接選挙へ再出馬した経緯（A校長・B校長・C校長）

　B校長は、2014年の校長直接選挙の際、当時の副校長を校長の候補者とし、自身は副校長の候補者として出馬した。つまり、校長と副校長との役職を交代して立候補している。B校長が、2014年に副校長として立候補した理由には、①今までの経験を生かさないのはもったいないと思ったこと、しかし、②校長は責任が重く、大変であったため、校長にはなりたくなく、副校長の方が自分にあっていると感じたこと、③他に校長直接選挙に向けて準備をしているものがいないようにみえたことを理由として語っている。また、C校長においても、今までやってきた学校運営のやり方が、前校長とは違うという点で評価を受けているので、やりつづけたかったことを理由として述べている（C校長）。そして、この学校を良くしていこうとする方向性（教育面や安全面）が教職員や保護者から認められていたという認識も、その理由として語られている。

　一方、A校長においては、今の仕事が好きであるということを理由にあげている。「家族がいる学校」をめざすA校長は、その目標の達成に向けて、月に1回講演者を招いて保護者の学びの場を設けたり、月に1回土曜日に、保護者に来校してもらい、草刈りや壁の修理などの校舎のメンテナンスをおこなったりしているという。初めは参加者が少なかったが、徐々に参加者が増え、現在では全体の3～4割の保護者が参加してくれるほどになったという。そして、こうした保護者や教員、校長の姿をみることで、子どもたちも学んでくれていると感じているという。パラナ市教育局からもA学校に「家族が参加する学校」として賞が授与されている。こうしたこれまでの業績や教職員、保護者からの信頼から生まれる学校運営に対する自信や、学校が発展していく姿をみられる喜びが、校長を継続したいという思いにつながっているものと捉えられる。

　つまり、校長直接選挙に再出馬し、校長あるいは副校長として学校運営に携わりつづけたいと思う理由には、それまでの成果とそれを継続することで

さらに学校が良くなるという確信をもつ現職の校長の思いがあった。

　補足ではあるが、校長でありつづけたくない理由については、D校長から「変化は大切であり、交代するのも民主的だと思う」といった意見が示されている。D校長の場合は、自分が校長とならなくとも、教員や教育専門士として学校に残ることが可能であるし、他の学校と仕事を掛けもちできるという点で、校長に対する執着がみられなかった[14]。

(3)校長直接選挙に対する見解
①肯定的意見

　学校コミュニティの意見が反映される校長直接選挙がもっとも民主的であると認識する意見は全員に一致していた。「学校コミュニティの意見を聞くのは大変であるが、話しあいが大切であり、平等で正当な方法である」(B校長)と認識するものや、「指名では学校や地域を知らないまま学校を運営しなければならず、それは良くない」(G校長)とする考えが示された。

　また、規定の変更について、まず、パラナ州立学校の校長直接選挙制度において、4年間の任期の半分の2年目で学校評議会からの評価がおこなわれる件に対しては、「教育面、会計面、メンテナンス面で評価がおこなわれるが、民主主義的で良いと思う」(G校長)という意見や、「コミュニティが基盤であり、コミュニティの視点が大切である」(F校長)という意見のように、反発意見は聞かれなかった。

②否定的意見

　一方で、校長直接選挙に対しては、競争試験と比較すると選ばれる基準が明確でなかったり、校長候補者が事前に学校運営に関する知識を身につけていなかったりするという問題点も指摘された(C校長)。クリチバ市立の学校の校長直接選挙制度において、現職の校長と副校長が交代しての3回連続の出馬を禁止する規定が設けられたことに対しては、「新しい人にチャンスを与えるという点で良いことだと思う」(B校長)という意見がある一方で、「学校のためにがんばれる人がいて、学校運営を効果的にできるのであれば良い

と思うが、同時に、こうしたルールが良いかはまだ評価できない」（A校長）という意見も示された。また、「20年間つづけてこられたのは学校コミュニティに認められていたからであった。認められているのに出馬できないのは……」（C校長）といった不満もだされた。こうした議論からは、同じ人物が、学校コミュニティの賛同のもとで校長でありつづけることが民主的であるという意見と、そのことが学校運営のマンネリ化を招き、より良い学校運営につながらないとする意見の、2つの立場が学校現場でも存在していることをあらわしている。

③問題

　大規模な学校の場合は、公約を学校の壁に貼ったり、120ほどのクラスに各10分、3日間かけて公約を演説しにいったりするという非効率性が指摘されている（D校長）。そして、これに関連し、授業に出席していないものは公約に対する理解が得にくいといった弱点も指摘されている。また、票の集計作業に関しても、「翌朝の7時には選挙結果の話しあいができるように、夜の9時から翌朝の3時半まで作業しなければならなかった」（D校長）というように、作業にかかる負担が指摘されている。加えて、校長直接選挙に負けた候補者との人間関係の問題も指摘された。なかには落選した立候補者ともその後、良い関係で仕事ができている場合もあるが（E校長）、選挙の翌日に、票を買ったのではないかと誹謗されたり（A校長、B校長）、負けたメンバーから学校運営について足を引っ張られたり（D校長）、悪口をいわれるなどの嫌がらせもあった（D校長）という。さらに、学校内での関係がうまくいかず、負けたグループの教員が学校を辞めてしまうケースもあった（E校長、F校長）。

　他にも、保護者や児童生徒が立候補者の公約の正当性を判断できないまま、投票を求められていることを指摘する声もある。たとえば、別の立候補グループが、児童生徒のために高価な遊戯道具を設置するなどの実現可能性の低い公約を打ち立てているにもかかわらず、それを保護者や児童生徒が適切に判断するだけの時間が用意されていないという指摘があった（B校長）。

　以上、7名の校長の語りをみてきた。こうした校長らの語りからは、校長直接選挙では、教職員や保護者からの支持基盤があり、かつ自信や意欲のあるものが立候補する傾向にあることがみいだされた。そして、そこで選ばれ、いったん校長に就任すると、その校長は教職員や保護者から支持されつづけるとともに、自身も校長をやりつづけたいと思う傾向にあることがみえてきた[15]。それは、校長直接選挙で選ばれることが、教職員や保護者からの支持を受けていることの証となり、それが学校運営へのさらなる自信につながっているものと解される。つまり、校長直接選挙によって生みだされるこうした好循環が、教職員や保護者にとって安定的でより良い学校運営の実現に結びついているのだと捉えられる。

4　考察：パラナ州における校長直接選挙制度の機能

　これまでの検討から、まずパラナ州における校長直接選挙をとおして就任した校長の特徴としては、指名をとおして就任した校長と比べ、男性の割合が高いという点と、学歴（高等教育修了者と大学院修了者）が高いという点が明らかとなった。もともと、校長の女性割合が高いという状況をふまえると、校長直接選挙制度はこうした校長の性別のバランスを改善するように機能している可能性があることが窺える。

　つぎに、パラナ州の校長直接選挙において、①どの程度実施されているのか、②どういった人物が、どういった経緯で立候補し、選ばれているのか、③現場ではどのように受け止められているのかという観点から整理すると、つぎのようにまとめられる。第1に、どの程度実施されているのかについては、パラナ州立学校でも、クリチバ市立学校においても、原則として、すべての学校において校長直接選挙が実施されており、実施するのが当然であるとするような認識がある。例外となるのは、宗教団体や軍警察によって運営されている公立学校や、新設して間もないために、校長直接選挙をするには時期尚早と判断される学校のみである。つまり、基本的には、校長直接選

挙を実施することはすべての学校に課せられる義務であり、教育局はその実施をサポートするという関係にある。

　第 2 に、どういった人物が、どういった経緯で立候補し、選ばれているのかという観点については、同じ校長と副校長がそのままであったり、校長と副校長を入れ替えたり、どちらか一方が別のメンバーと組んだりといったいくつかのパターンはあるものの、基本的には、現職の校長と副校長が多いといえる。これは、一度校長になった人物は、自身が辞める決意をしない、あるいは学校運営に余程の問題が生じない限りは、教職員や保護者から支持しつづけられることによるものであると捉えられる。というのも、パラナ州の場合、30 年以上も校長直接選挙を実施しつづけているため、基本的にはどの校長も校長直接選挙を経験し、教職員と保護者、児童生徒からの支持を受けて就任している。こうしたことから、校長直接選挙で選ばれた校長は、教職員や保護者からの支持を得るような学校運営をおこなっているものと考えられる。現職の校長と副校長以外から立候補がでる場合があるとすれば、それは、現職の校長と副校長の学校運営に対する不満が教職員や保護者の間で高まっている場合（F 校長、G 校長）である。ただし、このようなケースは稀であり、全体的にみれば、校長直接選挙で選ばれた校長と副校長の学校運営は、教員や保護者から安定して支持が得られているとみなすことができるだろう。

　第 3 に、現場ではどのように受け止められているのかについては、人間関係のトラブルや、校長直接選挙実施に費やす労力など、校長直接選挙の諸問題は指摘されつつも、もっとも民主的な方法として、望ましい校長採用方法だと捉えられているといえる。

　以上のことから、パラナ州の公教育における校長直接選挙の実践を考えると、校長直接選挙は、民主的な校長採用制度として、パラナ州に定着しており、その制度をとおして、継続的に学校運営を円滑におこなえる校長が採用できているといえる。このことは、教育行政からみると、限られた予算のなかで、各学校の運営を効果的におこなう能力をもった人材を選出できるという点でメリットがあると同時に、教育現場の視点からみると、当然のことで

はあるが、教職員や保護者の意見が反映されるような校長を選出できている。さらに、これは補足ではあるが、パラナ州教育局への聞き取りによれば、校長となった人材は、将来的には教育局長になったり、政治家になったりすることが少なくないという[16]。同様に、クリチバ市教育局への聞き取り調査からも、「校長はカリスマ的存在である」ことが指摘されている[17]。こうしたことを考えあわせると、校長直接選挙制度は、地位社会のニーズを政治へと反映する地域社会の代表を抽出するようにも機能していると捉えられるだろう。

おわりに

　本章では、校長直接選挙の実践について、パラナ州を事例に検討した。パラナ州の校長直接選挙の実践として明らかとなったのは、校長直接選挙制度によって、指名と比べ、男性や高学歴、高い年齢層の校長が多く輩出されているという状況である。そして校長直接選挙への立候補者は多くはなく、立候補するのは現職の校長と副校長である傾向が強いということである。その理由には、現職の校長に対して、教職員や保護者からの支持が得られていることが指摘できた。しかし、校長への聞き取り調査からは、校長直接選挙に立候補する前提として、就任以前の学校運営に対する問題意識があったことや、それまでの仕事ぶりから教職員や保護者から信頼を得ており、立候補への要望があったこと、あるいは現職の校長や副校長からの推薦があったこと、また、校長としてのビジョンや熱意があったことがみいだされた。これらのことから、パラナ州において校長直接選挙が、各学校の運営を効果的におこなうであろう資質をもった、学校で支持される人材を選出できるように機能しているということが導きだされた。さらに、将来の教育局長や政治家といった、地域社会の代表を抽出するようにも機能していることも明らかとなった。しかし一方で、保護者や児童生徒が理解不十分な状態で投票しているという指摘もあり、こうした点は校長直接選挙のデメリットとして浮き彫りとなった。

　以上、校長直接選挙を 30 年以上に亘って実施しつづけてきたパラナ州における校長直接選挙の実践状況を述べた。では、2000 年代に入り校長直接選挙を導入したばかりの、しかも社会的、経済的、教育的にも水準が低い地域における実践状況はどのようなものであろうか。次章では、パラー州における校長直接選挙について分析する。

注

1　2014 年 8 月 19 日実施のパラナ州教育局の Eliza Fagundas da Silve 氏、Gislaine Ronise Feuser 氏、Renê Wagner Ramos 氏への聞き取り調査より。

2　2014 年 8 月 19 日実施のクリチバ市教育局の Leusy do Rocio Cordeiro Soares dos Reis 氏、Eliana Cristina Mansano 氏、Claudia Maria dos Santos Almiro 氏への聞き取り調査より。

3　INEP. SAEB (ANEB/Prova Brasil) 2015 年のマイクロデータより（http://inep.gov.br/microdados　2018 年 3 月 13 日参照）。

4　たとえば、ブラジル地理統計院（IBGE）が 2006 年 9 月に発表した 6 大首都圏月間雇用調査では、高学歴になるほど、白人と非白人との賃金格差が大きくなっていることが示された。このような所得の差が生まれる理由の 1 つには、非白人を社会経済から除外しようとする古い観念が依然として存在していることが指摘されている（労働政策研究・研修機構　国際労働トピック 2007 年 1 月　http://www.jil.go.jp/foreign/jihou/2007_1/brazil_01.html　2018 年 3 月 17 日参照）。

5　ノンパラメトリックな多重比較の Steel 検定をおこなった。

6　ブラジル地理統計院（IBGE）がおこなう国勢調査（Censo Demográfico）の 2010 年のデータより（https://censo2010.ibge.gov.br/resultados.html　2018 年 3 月 13 日参照）。

7　2014 年 8 月と 2017 年 3 月に実施した現地調査で入手した。

8　パラナ州教育局　Consulta Escolas.（http://www.consultaescolas.pr.gov.br/consultaescolas-java/pages/templates/initial2.jsf?windowId=d64　2018 年 3 月 17 日参照）

9　2017 年 3 月に 2 回目のパナラ州で現地調査をおこなった際、2014 年調査の追跡調査をしたいという希望のもと、2014 年の調査対象校と同じ学校をパラナ州教育局およびクリチバ市教育局に依頼した。実際は、クリチバ市立学校においては、それが叶うかたちで、2014 年と同様に A 校、B 校、C 校に調査が実施できた。一方、パラナ州立学校においては、2014 年に調査をおこなった D 校とは調整がつかず、その代わり、こちらの要望をふまえ、社会的、経済的状況の異なる代表的な別の学校 3 校を選出してもらった。

10　ブラジル教育省（MEC : Ministerio da Educação）（http://portal.mec.gov.br/component/content/article/211-noticias/218175739/69131-inep-divulga-dados-sobre-nivel-socioeconomico-das-escolas?Itemid=164.　2019 年 5 月 5 日参照）。

11 D 学校は人気学校であり、入学試験を課している。そのため、入学者はそれまで質の高い教育を受けることができた、経済的にも豊かな家庭の子弟である傾向が強い。

12 ブラジルの大学院課程には、修士号や博士号の学位が取得できるストリクト・センス（Stricto Sensu）コースの他に、特定の分野の修了書（Certificado）が取得できるラト・センス（Lato Sensu）コースがある。後者に関しては、特定の職業に関連した講座が短期間（1 〜 2 年）で開講されている。

13 教育専門士は、校長や教員などに対する教授面でのサポートや、児童生徒や保護者に対する学習面でのサポート、校長や教員に教育行政面でのサポートをおこなう専門職である。第 1 章第 1 節 (1) 参照。

14 パラナ州では、校長は専任でなければならないが、副校長や教員、教育専門士は、他の学校と掛けもつことができる。ブラジルでは、二部制（午前と午後）や、三部制（午前と午後と夜間）をとる学校が多く、午前中、午後、夜間で別の学校に勤務するものも少なくない。

15 2014 年 8 月 19 日実施のクリチバ市教育局の Leusy do Rocio Cordeiro Soares dos Reis 氏、Eliana Cristina Mansano 氏、Claudia Maria dos Santos Almiro 氏への聞き取り調査においても、「校長になりたいという教員は少なく、校長になったものは校長を辞めたがらない」傾向にあることが指摘されている。

16 注 1 に同じ。

17 注 2 に同じ。

第6章

パラー州における校長直接選挙の実践

はじめに

　本章では、パラー州における校長直接選挙の実践について検討する。第1節では、ブラジルの国家教育研究所 (INEP) のデータを手がかりに、パラー州の公立学校における校長の特徴について採用方法別に検討する。つづく第2節では、教育行政に対しておこなった聞き取り調査 (2014年2月・8月、2017年3月実施) と、パラー州立初等中等学校の校長を対象におこなったアンケート調査 (2014年3月実施) をもとに、立候補グループに関する情報を整理する。第3節では、ベレン市とイガラペアスー市 (**図6-1** 参照) でおこなった州立学校と市立学校の校長への聞き取り調査 (2014年8月、2017年3月実施) で得られたデータを分析し、校長直接選挙への立候補経緯および校長直接選挙に対する見解について検討する。そして第4節では、前節までの内容を総合的に考えあわせ、パラー州での校長直接選挙制度の機能を明らかにする。

　なお、パラー州の教育行政の体制を確認しておくと (再掲、第4章第3節(1)参照)。州の教育行政は、州教育局 (Secretaria de Estado da Educação: SEDUC) をトップとして、パラー州を20の地域にわけ、各地域に州教育局の出先機関である地域教育事務所 (Regional de Educação: URE) が設置されている。各地域教育事務所は10〜60校程度の学校を管轄しているが、州都ベレン市が含まれる地域教育事務所19に限っては、374校もの学校が所在するため、さらに20に細分化し、それぞれ在校事務所 (Unidades Seduc na Escola: USE) が

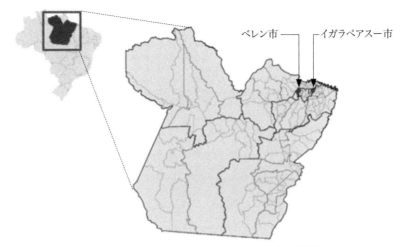

ベレン市 ――イガラペアスー市

図6-1 パラー州ベレン市とイガラペアスー市の位置

設置されている。また、各市には市教育局が設置されている。

---

1 パラー州における校長直接選挙の状況

(1)パラー州における校長直接選挙の実施状況

それではまず、パラー州における校長直接選挙の実施状況から確認してみたい。州教育局の担当者によれば、州教育局は州立学校の各校長がどのような方法で就任しているかについては把握していないとのことである[1]。つまり、校長直接選挙の実施状況に関する正確な統計データはない。こうしたなか、担当者は校長直接選挙の実施率を 10% にも満たないと見積もっている[2]。一方、筆者がおこなったアンケート調査（後掲、本章第 2 節(1)）においては、回答を得たパラー州立学校の校長（76 名）の 32.9%（25 名）が校長直接選挙によって就任していた。いずれにせよ、これらの情報からは、パラー州では、校長直接選挙を実施している学校が少ないことがわかる[3]。法令で校長直接選挙の実施が定められているにもかかわらず、校長直接選挙が実施されない

ケースとして、担当者の話をまとめると、つぎの4つがある[4]。第1は、校長直接選挙を実施する前提である学校運営状況に関して、審査基準を満たさない場合である。特に、州教育審議会から会計管理の不備が指摘されて、校長直接選挙の実施ができていない事例は多いという[5]。第2は、そもそも学校現場が校長直接選挙を求めていない場合である。学校集会や学校評議会のなかで、現職の校長および副校長の継続の同意が得られた場合、在校事務所に申請することで、承認されているという。第3は、政治が介入している場合である。この場合、学校コミュニティが要望をだしたり、州教育局が関わったりしても、校長直接選挙の実施は難しいという。第4は、校長直接選挙を実施したものの、不備によって、選挙結果が承認されない場合である。実は、法令には規定されていない内容であるが、在校事務所は、校長もしくは副校長のいずれかに、高等教育において学校運営学を専攻していることを採用の条件として求めている。その結果、校長直接選挙が実施されたものの、選ばれた校長と副校長の候補者ともに、その条件を満たしていなかったため、認められないといったケースが生じている[6]。

　一方、市の校長直接選挙の実施状況をみてみると、パラー州の州都ベレン市の市立学校では、約7割が校長直接選挙を実施しており、残りの約3割は市長の指名によって採用されている[7]。ベレン市では、原則として、全市立学校で校長直接選挙を実施することにはなっているが、つぎの2つの場合においては市長の指名によって校長を採用している。1つは、校長直接選挙における立候補者が1名で、投票の結果、その候補者への賛成票が過半数に到達しなかった場合である。もう1つは、校長直接選挙には当選したが、それとは別に市教育局が校長に対して実施する審査に合格しなかった場合である[8]。

　そして、本研究の調査対象として含めているイガラペアスー市についても確認しておく。イガラペアスー市は、ベレン市から130kmほど東に離れた市であり、1996年から同市にあるすべての州立学校において試験的に校長直接選挙を実施しつづけている。こうしたなか、サンドラ・ミキ・ウエスギ元市長（任期：2009-2016年）は、それにならうかたちで、イガラペアスー市

立学校への校長直接選挙の導入を決めた[9]。実施にあたっては、条件である①学校評議会の設置と、②政治的教育的プロジェクトの作成が準備できた学校から、順次、開始されている。実際に市立学校で最初の校長直接選挙が実施されたのは、2016年11月のことであった。

(2)パラー州における校長の特徴

つぎに、パラー州における校長直接選挙をとおして就任する校長の特徴を検討してみたい。手がかりとするのは、前章のパラナ州と同様に、国家教育調査研究所 (INEP) が2年に1度おこなっている学校調査の結果である[10]。分析対象とするのは、公立 (連邦立、州立、市立) の学校の校長の属性である。検討する項目についても、前章の再掲になるが、①性別、②年齢、③人種、④学歴、⑤教員経験の5つである。1つめの性別の視点を設定するのは、教職を女性の職業とみなす社会認識があるなかで、校長直接選挙においては、そうした社会認識が強く作用し、女性が優位に選ばれているということはないか、2つめの年齢の視点を設定するのは、他国よりも校長の平均年齢が低いなか、児童生徒が参加する校長直接選挙では、児童生徒により近しい、若い人材が支持され、選ばれているということはないか、3つめの人種の視点は、非白人への偏見や差別がいまだに残っているとされるブラジル社会において[11]、校長直接選挙で白人が多く選ばれているということはないか、という点を確かめる意図がある。そして、4つめの学歴を設定したのは、専門性の観点が考慮されているのか、さらに、5つめの教員経験に関しても、教員経験の観点が考慮されているのか、という点を検討するためである。検定にあたっては、「選挙」を対照群とし、「競争試験」、「指名」、「その他」と比較した[12]。

①性別

まず、校長の採用別の女性の割合を示したものが**表6-1**である。これをみると、パラー州においても全国的な傾向に違わず、やはり女性校長が多いことがわかる (73.2%)。採用方法別では、「選挙」における女性校長の割合

表6-1　採用方法別にみるパラー州の校長の女性率

競争試験	選挙	指名	その他	全体	有意差
77.5% (n=40)	75.4% (n=394)	71.8% (n=1,829)	77.6% (n=353)	73.2% (n=2,616)	n.s.

出所：INEP. SAEB (ANEB/Prova Brasil) 2015 年のマイクロデータ（http://inep.gov.br/microdados　2018 年 3 月 13 日
　　参照）より、筆者作成。
注：n.s. は not significant をあらわしている。

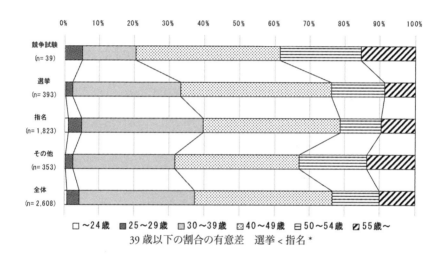

39 歳以下の割合の有意差　選挙 < 指名 *

図6-2　パラー州の校長の年齢分布（採用方法別）

出所：INEP. SAEB (ANEB/Prova Brasil) 2015 年のマイクロデータ（http://inep.gov.br/microdados　2018 年 3 月 13 日
　　参照）より、筆者作成。
注：* は p<0.1 を示している。

（75.4%）は、「指名」における女性割合（71.8%）よりも高かったものの、有意
差は確認されなかった。

　②年齢

　第 2 に、年齢について、「24 歳以下」、「25 〜 29 歳」、「30 〜 39 歳」、「40 〜
49 歳」、「50 〜 54 歳」、「55 歳以上」の年齢層別に割合をあらわしたのが図

6-2 である。全体的な傾向としては、30 代と 40 代を中心に選ばれていることがわかる。こうしたなか、39 歳以下の割合をみると、「選挙」が 33.3% に対し、「指名」39.7% で、「選挙」と「指名」の間で有意差が確認された。つまり、「選挙」では、「指名」よりも 30 歳代以下、すなわち比較的若い層は選ばれにくくなっている。

③人種

第 3 に、人種構成について検討する（**表 6-2** 参照）。パラー州は、白人21.6%、黒人 7.0%、混血 69.9%、黄色人種 0.9%、先住民 0.5%[13] と、混血がマジョリティである。このことをふまえながら校長の白人の割合をみると、やはりその割合は全体的に低くなっている（13.0%）。一方、採用方法別にみると、「選挙」と「指名」における白人の割合はほぼ同率であり、有意差も確認されなかった。つまり、校長直接選挙において、白人が選ばれやすいというわけではないということが示された。

④学歴

第 4 に、学歴について検討する。**表 6-3** は、パラー州の校長の学歴について示している。具体的には、採用方法別に高等教育修了者の割合と、大学院修了者および修士号もしくは／および博士号を取得したものの割合を示している。これをみると、「指名」よりも「選挙」の方が高等教育修了者の割合が高いことがわかる。また、大学院修了者の割合も「指名」より「選挙」の方が高い。これらのことから、パラー州では「選挙」をとおして就任した校長は、「指名」よりも高学歴者である傾向が強いといえる。

⑤教員経験

第 5 に、校長の職歴について確認する。**図 6-3** は校長の教員歴について、「3 年未満」「3 〜 10 年」「11 〜 20 年」「21 年以上」の割合を示している。これをみると、「選挙」と「指名」ともに、「3 〜 10 年」と「11 〜 20 年」の教員歴があるものが主流となっていることがわかる。これら「選挙」と「指名」の

表 6-2　採用方法別にみるパラー州の校長の白人率

競争試験	選挙	指名	その他	全体	有意差
29.0% (n=38)	11.8% (n=390)	12.6% (n=1,819)	14.9% (n=349)	13.0% (n=2,596)	競争試験 > 選挙 ***

出所：INEP. SAEB（ANEB/Prova Brasil）2015 年のマイクロデータ（http://inep.gov.br/microdados　2018 年 3 月
　　13 日参照）より、筆者作成。
注：*** は p<0.01 を示している。

表 6-3　採用方法別にみるパラー州の校長の学歴

	競争試験 (n=42)	選挙 (n=396)	指名 (n=1,835)	その他 (n=353)	全体 (n=2,626)	有意差
高等教育修了者	92.7% (n=41)	99.2% (n=382)	94.3% (n=1,790)	95.7% (n=349)	95.2% (n=2,562)	選挙 > 競争試験 *** 選挙 > 指名 *** 選挙 > その他 ***
大学院修了者	81.0% (n=42)	85.8% (n=394)	71.0% (n=1,820)	84.1% (n=353)	75.2% (n=2,609)	選挙 > 指名 ***
修士号・博士号 取得者	0.0% (n=42)	2.5% (n=394)	1.9% (n=1,820)	4.0% (n=353)	2.2% (n=2,609)	n.s.

出所：INEP. SAEB（ANEB/Prova Brasi）2015 年のマイクロデータ（http://inep.gov.br/microdados　2018 年 3 月 13 日参照）より、
　　筆者作成。
注：*** は p<0.01 を示している。
　　n.s. は not significant をあらわしている。

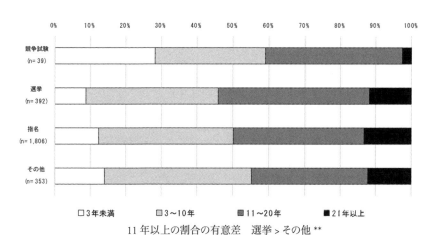

11 年以上の割合の有意差　選挙 > その他 **

図 6-3　採用方法別にみるパラー州の校長の教員歴の分布

出所：INEP. SAEB（ANEB/Prova Brasil）2015 年のマイクロデータ（http://inep.gov.br/microdados　2018 年 3 月
　　13 日参照）より、筆者作成。
注：** は p<0.05 を示している。

間に有意差は確認されなかった。

　以上の個人属性をまとめると、パラー州における校長直接選挙は、指名と比べて性別や人種、教員経験における違いはなかったが、若年層（30歳代以下）が選ばれにくい一方で、高い学歴のものが選出されていることが明らかとなった。

2　聞き取り調査対象の概要

(1)聞き取り調査の手続き

　つづいて、現地調査によって得た情報を用いながら、パラー州での校長直接選挙の実施状況を分析する。パラー州の場合、州教育局が校長直接選挙の実施状況について把握していないという状況がある[14]。そのため現地調査の実施にあたってはつぎのような3つの手続きでおこなった。まず、第1次調査は、パラー州立初等中等学校960校およびベレン市立初等中等学校69校、あわせて1,029校の校長に質問紙を郵送した（2014年3月、83名回収、回収率8.1%）。つぎに、第2次調査として、第1次調査のアンケートで回答のあった校長のなかから、つぎの条件を満たすパラー州立学校4校と、ベレン市立学校1校の校長を対象に聞き取りをおこなった（2014年8月）。すなわち、①州都ベレン市内に所在する学校で、②校長直接選挙によって就任し、③調査協力の同意を得られた学校に所属する校長である。ベレン市を対象としたのは、ベレン市がパラー州の州都であり、パラー州のなかでももっとも学校と児童生徒が集中しているため、パラー州の典型的な状況が把握できると考えたからである。そして、第3次調査は、第2次調査から約2年半後におこなった第2次調査対象の追跡調査である（2017年3月）。同時に、さらなる事例を収集するために、新たにベレン市1校とイガラペアスー市4校を調査対象に加えた[15]。イガラペアスー市は、ベレン市から車で2時間ほど離れた人口約3万6,000人の小さな市であり（図6-1参照）、経済レベルをみると、ベレン市よりもかなり低い[16]。イガラペアスー市では、パラー

州のなかでも他市に先駆けて 1990 年代の中頃から州立学校で校長直接選挙
を実施しており、それにならって 2016 年からはイガラペアスー市立の学校
でも校長直接選挙が導入されている。よって、イガラペアスー市を調査対象
に加えることで、パラー州のなかでも特に都市化が進んでいない地域にお
ける校長直接選挙の実践を把握できると判断した。これら第 2 次調査と第 3
次調査における、あわせて 10 名の校長への聞き取り内容は、パラー州にお
ける校長直接選挙の実践を把握するうえでの有益な事例であり、州教育局
（本部および在校事務所）や市教育局への聞き取り調査の内容と照らしあわせ
ることによって、それら個別事例を一般化できると考える。

(2)聞き取り調査対象者

　第 2 次調査と第 3 次調査の対象とした調査対象とした 10 校の校長につい
ては、年齢としては、30 代から 60 代で、性別は女性が 6 名、男性が 4 名で
あった。すべての校長が大学院課程で学校運営学や教育学などの短期コース
を修了している[17]。また、教員あるいは教育専門士の経験がまったくない
ものもいれば、20 年以上の教員歴を有するものもいた。それぞれの所属す
る学校および校長の情報は**表 6-4** と、以下に記述するとおりである。

　①H 学校 (パラー州立、ベレン市所在、中学校と高等学校)
　H 学校は、州都ベレン市の中心から車で約 1 時間離れた場所に位置する。
生徒数は 330 名程度であり、近い将来、近隣の 2 校と合併することが計画
されている。この学校の社会経済レベルは「中」と、パラー州では一般的
なレベルである。生徒の学力面ではベレン市 (適正レベル達成割合：国語 20%、
算数 6%) やパラー州 (全国学力試験の適正レベル達成割合：国語 20%、算数 6%)
のほぼ平均程度である。

　②I 学校 (パラー州立、ベレン市所在、中学校と高等学校)
　I 学校は、ベレン市の中心から車で約 50 分離れた「コンジュント」と呼ば
れる、日本でいう団地のような集団住宅のなかにある。生徒数は 820 名程

度である。この学校の社会経済レベルは「中」と、パラー州では一般的なレベルである。生徒の学力に関しては、全国学力試験の適正レベル到達割合 (9年生) は、ベレン市の平均よりも若干うえであり、調査対象校のなかでは上位に位置づけられる。

③J学校 (パラー州立、ベレン市所在、小学校と中学校と高等学校)

J学校は、ベレン市の中心部に近いところに位置する。1,000名以上の児童生徒を抱えた、規模の大きな学校である。設立は1963年と、古くからこの地域にある学校である。社会経済レベルは「中」であるものの、児童生徒の学力に関しては、特に低学年において、大きな課題を抱えている。

④K学校 (パラー州立、ベレン市所在、小学校と中学校)

K学校は、ベレン市の中心から車で約40分離れた場所に位置する。児童生徒数は450名程度である。当初、コミュニティセンターとして設立されたが、その目的では使用されなかったために、1994年に学校として使われはじめた。K学校の地域は、インバゾン (Invasão、ポルトガル語で「侵略」の意) といわれる、不法占拠によって形成された貧困地域である。K学校の児童生徒に関しては、学力面のみならず、問題行動や犯罪が大きな問題となっている。

⑤L学校 (パラー州立、ベレン市所在、小学校と中学校)

L学校は、ベレン市の中心から車で約40分離れた場所に位置する。ベレン市から北に延びる幹線道路のわきに入ってすぐの場所にある。児童生徒数は900名弱である。経済状況は「中の低」と、パラー州のなかでも厳しい家庭環境の児童生徒が通っている。学校の施設設備も十分とはいえないが、校長いわく、コミュニティからの支援を得られている学校である。

⑥M学校 (パラー州立、イガラペアスー市所在、小学校と中学校)

M学校は、ベレン市から車で2時間半くらいの場所にある、イガラペア

スー市の学校である。児童生徒数は 540 名である。これはイガラペアスー市の学校全体に当てはまることではあるが、児童生徒の家庭の経済状況は「低」と、ベレン市に比べると厳しい状況にあり、全国学力試験の適正レベル到達割合 (5 年生・9 年生) は、ベレン市の平均よりも低い。

⑦ N 学校 (ベレン市立、ベレン市所在、小学校)

　N 学校は、ベレン市の中心から車で 2 時間 20 分くらいの場所に位置する、児童数 800 名程度の学校である。2011 年 12 月にコミュニティの要望によって、設立された。もともとは別の小学校の分校だった教室を拡大したものである。児童の家庭の経済状況に関するデータは公表されていないが、全国学力試験の適正レベル到達割合 (5 年生・9 年生) は、ベレン市の平均よりも高い。

⑧ O 学校 (イガラペアスー市立、イガラペアスー市所在、小学校と中学校)

　O 学校に通う児童生徒の経済的状況は最低水準の「極めて低」である。全国学力試験の適正レベル到達割合は、5 年生において国語も算数もともにベレン市の平均よりも 10 ポイント以上下回っている。9 年生においても国語はベレン市の平均よりも 10 ポイント下回り、算数に関しては適正レベル到達割合が 0% という状況である。ちなみにイガラペアスー市立の学校では初の校長直接選挙を 2016 年 11 月に実施している。

⑨ P 学校 (イガラペアスー市立、イガラペアスー市所在、小学校)

　P 学校に通う児童数は 260 名程度と、比較的小規模な学校である。児童の家庭の経済的状況は最低水準の「極めて低」であり、全国学力試験の適正レベル到達割合 (5 年生) は、ベレン市の平均を大きく下回っている。ちなみに P 学校で校長直接選挙を初めて実施したのは 2016 年 12 月である。

⑩ Q 学校 (イガラペアスー市立、イガラペアスー市所在、小学校)

　Q 学校に通う児童数は 310 名程度と、こちらも比較的小規模な学校である。児童の家庭の経済的状況も「低」と、厳しい状況にある。全国学力試験

表6-4　パラー州の調査対象の概要

調査学校	H学校	I学校	J学校	K学校	L学校
調査年	2014年	2014年	2014年	2014年	－
	2017年	2017年	2017年	－	2017年
学校について					
運営主体	州立	州立	州立	州立	州立
教職員数	21	53	94	38	62
児童生徒数	334	819	1,057	447	890
社会経済レベル[注1]	中	中	中	中の低	中の低
人種構成[注2]					
白人	19%	16%	11%	19%	24%
混血	20%	60%	62%	55%	76%
黒人	16%	12%	11%	9%	0%
黄色人種	3%	4%	5%	2%	0%
先住民	3%	3%	3%	2%	0%
わからない	7%	5%	8%	13%	0%
全国学力試験（SAEB）[注3]における適正レベル到達割合					
5年生・国語	－	－	16%	44%	33%
5年生・算数	－	－	7%	29%	11%
9年生・国語	22%	25%	20%	－	16%
9年生・算数	3%	7%	2%	－	3%
校長について					
校長[注4]	H校長	I校長	J校長	K校長	L校長
性別	男	女	男	男	女
年齢	55歳	63歳	59歳	50歳代	49歳
大学院での専攻[注5]	教育統計学	学校運営学 教育心理学	学校運営学	学校運営学	学校運営学
校長職の勤務年数	8年	9年	10年	3年	2年
教員ないしは教育専門士としての勤務年数	1年	22年	5年	14年	6年

出所：QEdu（http://www.qedu.org.br/）より、筆者作成。
注1：社会経済レベルは、各学校に在籍する児童生徒への家庭状況をたずねるアンケート項目の結果にもとづいて、「1：極めて低」（最低水準）、「2：低」、「3：中の低」、「4：中」、「5：中の高」、「6：高」、「7：極めて高」（最高水準）の7段階で算出されている。
注2：人口構成は、J学校、L学校、M学校、O学校は9年生のデータを、それ以外は5年生のデータを用いている。
注3：全国学力試験（SAEB）は5年生、9年生に対して、国語（ポルトガル語）と算数が実施されている。その全国、パラー州、ベレン市の適正レベル到達割合の平均はつぎのとおりである。

調査学校	M 学校	N 学校	O 学校	P 学校	Q 学校
調査年	－	2014 年	－	－	－
	2017 年	2017 年	2017 年	2017 年	2017 年
学校について					
運営主体	州立	ベレン市立	イガラペアスー市立	イガラペアスー市立	イガラペアスー市立
教職員数	62	43	67	34	40
児童生徒数	540	793	503	258	308
社会経済レベル 注1	低	データ公表なし	極めて低	極めて低	低
人種構成 注2					
白人	24%	18%	21%	35%	30%
混血	76%	57%	53%	34%	46%
黒人	0%	11%	10%	8%	7%
黄色人種	0%	2%	0%	4%	3%
先住民	0%	3%	5%	0%	7%
わからない	0%	9%	11%	19%	7%
全国学力試験（SAEB）注3 における適正レベル到達割合					
5 年生・国語	31%	45%	16%	19%	21%
5 年生・算数	13%	22%	2%	11%	6%
9 年生・国語	4%	25%	10%	－	－
9 年生・算数	4%	7%	0%	－	－
校長について					
校長 注4	M 校長	N 校長	O 校長	P 校長	Q 校長
性別	男	女	女	女	女
年齢	47 歳	49 歳	48 歳	36 歳	41 歳
大学院での専攻 注5	学校運営学	学校運営学	学校運営学	学校運営学	学校運営学
校長職の勤務年数	8 年	4 年	5 年	5 年	2 年
教員ないしは教育専門士としての勤務年数	1 年	22 年	7 年	10 年	6 年

5 年生・国語：全国 50%、パラー州 34%、ベレン市 37%、イガラペアスー市 15%
5 年生・算数：全国 39%、パラー州 19%、ベレン市 19%、イガラペアスー市 6%
9 年生・国語：全国 30%、パラー州 20%、ベレン市 20%、イガラペアスー市 10%
9 年生・算数：全国 14%、パラー州 6%、ベレン市 6%、イガラペアスー市 1%
注 4：校長のデータについては、最終調査年のものを記載している。
注 5：調査対象者は全員、大学院の修士課程や博士課程ではなく、職業向けのコースを修了している。

の適正レベル到達割合 (5 年生) は、ベレン市の平均を大きく下回っている。
Q 学校では、2016 年 11 月に校長直接選挙を初めて実施している。

---

3 聞き取り調査の結果

---

(1)校長直接選挙における立候補グループの傾向

まずは、立候補グループの傾向をみる。調査対象の 10 名の校長が経験し
たのべ 13 ケースの校長直接選挙の状況から立候補グループの傾向を分析す
る。その結果、パラー州の校長直接選挙の立候補グループの特徴として明ら
かとなったのは、以下の 3 点である。

第 1 に、立候補グループの数について、1 組 (7 ケース、53.8%) もしくは
2 組 (5 ケース、38.5%) が大半を占め、3 組以上というのは、極めて稀である
(図 6-5 参照)。

第 2 に、立候補するメンバーについては (図 6-6)、現職の校長と副校長が
そのまま立候補するケース (4 ケース、30.8%) と、現職の校長か副校長のど
ちらか一方が立候補するケース (4 ケース、30.8%) をあわせると、現職の校
長あるいは副校長が当選するケースが全体の約 6 割を占めている。

第 3 として、学校で初めてとなる校長直接選挙の場合 (9 ケース) において
は、パラー州立学校とベレン市立学校では新しい校長と副校長が当選してい
るのに対し (6 ケース中 5 ケース)、イガラペアスー市学校においては、指名
によって就任した校長が、そのまま校長直接選挙によって当選する傾向がみ
られた (3 ケース中 3 ケース)。

(2)校長直接選挙にでた経緯

校長直接選挙で立候補した要因について、調査対象者のコメントからは、
①「問題意識」、②「学校コミュニティからの信頼」、③「熱意」、④「資格」、
⑤「立候補者の不在」の 5 つがみいだされた。

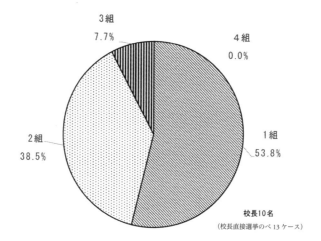

図6-5　パラー州の校長直接選挙での各学校の立候補グループ数

出所：パラー州での校長への聞き取り調査（2014年・2017年）の結果より、筆者作成。

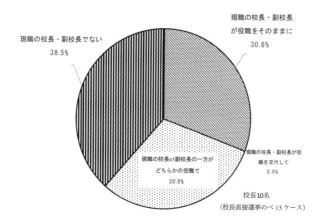

図6-6　パラー州で選出された立候補グループの特徴

出所：パラー州での校長への聞き取り調査（2014年・2017年）の結果より、筆者作成。

①問題意識

　指摘された数は少なかったが、「前校長が辞めた後、学校に校長が求められていた」(M校長) ことや、「校長が学校に不在であることが多く、教員や保護者が学校をみてくれる校長を求めていた」(Q校長) ことなど、学校が抱える問題を認識していたことが理由として語られた。また、校長直接選挙に直接的に関連はしていないが、校長直接選挙が実施される前にイガラペアスー市長の指名で現在の学校の校長に就任しているO校長は、その就任理由として、「前校長は、学校に不在であることがしばしばあり、教員と良好な関係が築けていなかった」と述べている。先述のとおり、イガラペアスー市のすべての調査対象において、指名によって就任した校長が、引きつづき校長直接選挙にでて、校長でありつづけている。こうしたことからは、イガラペアスー市では、指名であっても学校改善に積極的に取り組もうとする校長を採用できていたことが窺える。

②学校コミュニティからの信頼

　校長直接選挙に出馬する理由としてもっとも多く語られたのが、教員やコミュニティから校長直接選挙への出馬を勧められたということであった(I校長、J校長、K校長、L校長、N校長、P校長)。調査対象者全員が、現学校において、ある程度の勤務経験を有しており、なかには、「10年間この学校で教員をやっていて、教員もコミュニティも自分のことを知ってくれていて、支持を受けていた」(P校長) というケースや、「17年間 (学校のある地域に) 暮らしていたため、コミュニティからの支持があった」(N校長) というケースもある。このように、勤務校において一定程度の時間をとおして築きあげられた信頼を校長直接選挙への出馬の理由として述べる校長もいた。

③熱意

　つぎに多く語られた理由が、校長職に対する熱意であった。学校を運営するという仕事が好きで、校長をやりたいと思った (H校長、N校長、O校長) という意見や、「学校を助けたかったし、自分が何かをしたいと思った」(M

校長）という意見のように、学校を改善したいという思い（M校長、Q校長）が校長直接選挙に立候補する理由として述べられた。

④資格

　そして、3番目に多く述べられたのが校長への立候補に関連する資格についてであった。I校長は、「以前は運営者の資格を取るためには、大学で3つのコース（コーディネーター、オリエンター、スーパーバイザー）を1年ずつ受けなければならず、私は3年かけてそれらのコースを修了した。私はその（校長の）資格をもっていた」ことをあげている。このように、校長に求められる資格に対し、他の教員にはない資格を自分が有していたことが立候補の理由となっている。さらに、I校長の場合、その資格をもとに、以前パラー州に存在した校長職の競争試験に合格していたことも理由としてあげている。このように、校長や教育専門士として競争試験に合格していた点を、校長直接選挙への立候補の動機としてあげるものもいた（H校長、I校長、M校長）。

⑤立候補者の不在

　④の資格とも関連するが、「他に立候補グループがいなかった」（J校長）、「他に責任を負おうとするものがいなかった」（Q校長）、「出馬したいものはいたが、資格（高等教育における学校運営の専攻）がなかった」（I校長）のように、②〜④の理由をふまえたうえで、自身以外に当該学校の校長を務めようとするもの、あるいは務められる人材がいなかった点も指摘されている[18]。パラー州の人口における高等教育修了者の割合をみると、パラー州はブラジルで下位2番目の4.1%である（2010年）[19]。こうした状況をみても、校長直接選挙で立候補できる条件を満たす人材は極めて限られているといえる。加えて、在校事務所が、校長もしくは副校長のいずれかに、高等教育において学校運営学を専攻していることを条件として求めていることも、人材不足に拍車をかけている。

(3)校長直接選挙への再出馬経緯(I校長、J校長、M校長)

 I校長は 2009 年の出馬に引きつづき、2014 年にも校長直接選挙に出馬した理由をつぎのように語っている。それは、「校長という仕事が好きであり、自分は大学でその勉強をしてきた。州教育局で勤務したこともあるが、仕事がうまくできなかった。ここは自分がやればやるほどうまくいくし、子どもの成長もみられる」。このように、校長という仕事にやりがいを感じていることが立候補のモチベーションになっていたといえる。そして、他に立候補するものがいなかったことからも、I校長がI学校の校長としてゆるぎない存在となっていたことが窺える。

 J校長は、2009 年に校長直接選挙で当選し、2011 年にも校長直接選挙で再選を果たしている。2013 年には、学校評議会で校長継続が承認されたため、校長直接選挙は実施されることなくJ学校の校長でありつづけている。J校長はその理由として、「自分の人生とともに学校がある」ということを述べている。J校長自身も、J学校の元生徒であり、今もJ学校の地域に住んでいる。いわばJ学校への愛着が校長直接選挙への再出馬の理由に結びついていると捉えられる。

 M校長は 2009 年に校長直接選挙で当選し、2011 年の校長直接選挙でも再選している。M校長がM学校の校長でありつづける理由には、校長という仕事が好きであることと、教育専門士の競争試験に合格していることがあげられた。加えて、先のJ校長と同様に、M校長も、自身がM学校のある地域に住んでいて、地域に対する親しみがある点を指摘している。このように地域社会とのつながりも、M学校の校長を継続する理由となっている。

(4)校長直接選挙に対する見解
①肯定的意見

 校長採用における望ましい方法として、調査対象 10 名中 8 名が校長直接選挙をもっとも良い方法だと捉えている。その理由としては、「民主的であるから」(J校長、N校長、Q校長)という回答がもっとも多かった。この他には、「校長をしたいと思うところで仕事ができる」(O校長)や、「自分たちが

認められて校長になれる」(P校長) といった、校長の立場として働きやすさ
の面を指摘する意見もあった。さらには、「出馬することは、学校運営を勉
強することにつながるから」(L校長) という意見もあり、校長になるうえで
の知識面にプラスになることも指摘されている。

　また、教員、職員、保護者、児童生徒の1票の価値が同じであることに
対する不満も特に聞かれなかった。子どもの参加に関しては、「12歳という
年齢は、少し幼過ぎるかもしれないが、年齢をあげると参加できる児童生徒
の数が減ってしまう」(O校長) という意見がだされ、校長直接選挙における
児童生徒の参加は不可欠なものであるという認識がもたれているといえる。

②否定的意見

　一方で、2名 (10名中) は、競争試験をもっとも良い校長採用方法である
と考えている。これら2名の校長は、筆記試験や資格試験をとおした方が、
校長として必要な専門性が評価されるという意見をもっている (H校長、I校
長)。この意見を提示したH校長とI校長は共通する背景を有している。そ
れは、両者ともに、高等教育で学校運営に関するコースを受講し、かつてパ
ラー州に存在していた校長の競争試験に合格しているということである。競
争試験に合格するということは、社会的ステータスにもなり、こうした自身
の経歴が正当に評価され得る競争試験を、校長採用方法としてもっとも良い
ものと捉えている。

③問題

　校長直接選挙に関する問題点として、校長からはつぎのような実態が述べ
られた。L学校においては、2013年の校長直接選挙において、L校長とは別
の立候補グループが、子どもに本などをプレゼントしたりして、子どもをと
おして保護者の票を得ようとしていたという状況が生じた。そして、そのグ
ループは、校長直接選挙の結果、当選を果たしている。これに対し、L校長
らが州教育局に訴えたことによって校長直接選挙の結果は1年程度保留状
態になり、その後、その不正が認められ、校長直接選挙では負けたL校長

のグループが校長と副校長になった。このように、校長直接選挙において、票獲得のために、児童生徒や保護者受けの良いキャンペーンをおこなうような状況が問題として指摘されている。一方、O校長は、選挙キャンペーンの負担の大きさを指摘している。O学校は7校の分校を有しており、そうした分校に対してもキャンペーンをしなければならず、各家庭を訪問するのも大変であったと語っている。さらに、P校長は、校長直接選挙で負けたグループとの人間関係に問題を抱えていたことを指摘している。負けたグループのメンバーがP校で勤務しつづけており、少しずつ関係は良くなってきているものの、一筋縄ではいかない状況であるという。

　加えて、補足的ではあるが、次期校長直接選挙への出馬の意思についてたずねたところ、10名中6名が「でたい」、2名が「でたくない」、2名が「今は判断できない」という回答であった。「でたい」理由としては、「校長の仕事が好き」(M校長、Q校長、P校長)といったものや、「継続することで自身が掲げた目標に近づける」(H校長)、「今の(管理職の)メンバーでうまく学校運営ができているので、現状を維持したい」(N校長)、「自分の人生とともに学校がある」(J校長)といったものがあった。一方、「でたくない」理由としては、「校長の仕事量や責任感と給料がみあわない」、「副校長や教員をやって、別の学校と掛けもちをした方が良い」といった校長の待遇面に対する指摘があった(I校長、L校長)。また、「今は判断できない」という意見の理由には、「校長職に疲れたので休憩したい」、「校長は楽しいが、違う人がでて、学校を変えた方が良い」という意見(K校長)や、「他になりたい人がいれば譲るかもしれないし、だれもいなければでるかもしれない」(Q校長)といった意見があげられた。こうした意見からは、校長直接選挙に関する問題以前に、パラー州における校長の待遇面での問題がみいだされる。つまり、給料の点からいえば、副校長や教員を複数の学校と掛けもてば、校長と同等か、それ以上の収入が得られ、しかも背負う責任が校長よりも少なくて済むといった状況がある。こうした状況が、校長直接選挙への出馬を躊躇することにつながっていると捉えられる。

　以上、パラー州における校長直接選挙に関して、パラー州立学校、ベレン市立学校、イガラペアスー市立学校の実態を検討した。その結果、州政府あるいは市政府の統制によって、その実施が滞っている状況があるものの、実施できている学校においては、限られた資格を有したもので、かつ教職員や保護者からの信頼を得ているものが立候補し、校長に就任している状況が明らかとなった。

4　考察：パラー州における校長直接選挙制度の機能

　これまでの検討から、まず、校長直接選挙をとおして就任した校長の特徴としては、指名をとおして就任した校長と比べ、学歴（高等教育修了者と大学院修了者）が高いということが明らかとなった。これは、パラー州立学校の校長直接選挙において、校長もしくは副校長のどちらかに高等教育で学校運営学（教育学）を専攻していることを求められており、こうした条件が厳密に守られ、校長が採用されているものと捉えられる。

　つぎにパラー州における校長直接選挙の実践について、①どの程度実施されているのか、②どういった人物が、どういった経緯で立候補し、選ばれているのか、③現場ではどのように受け止められているのかという観点から整理すると、つぎのようにまとめられる。第 1 に、どの程度実施されているのかについては、パラー州立学校や各市立学校によって状況は違うものの、州立学校の状況からは、1～3 割程度の実施に留まっていることが明らかとなった。その理由の 1 つには、行政が定める校長直接選挙の実施許可の基準にみあう学校が少ないという状況がある。これは、パラー州が経済的水準の低い州であり、先行研究で指摘されてきた政治的要因の他に、校長直接選挙を適切におこなうだけの学校側の状況やニーズが整っていないという要因によるところが大きい。実際に、会計上の問題を抱える学校など、依然として運営自体に困難を抱えている学校は少なくない。そして、実施が普及していない理由のもう 1 つには、校長直接選挙の実施に関しては、許可制となっており、学校の任意であると解釈できる点がある。こうしたなか、学校コ

ミュニティが現職の校長の継続を望んでいる場合、校長直接選挙を経ずとも、書類上の手つづきによって、現職の校長を継続して就任させることが可能となっている。

　第2に、どういった人物が、どういった経緯で立候補し、選ばれているのかという観点については、各学校において信頼を得ている、資格をもった人物であるということがいえる。校長という職業が、待遇面から不人気な職業となっていることや、立候補に際し、高等教育で学校運営学を専攻していることが条件として付加されていることによって、各学校において立候補者の確保を困難にさせている。結果的に、各学校で立候補するグループ数は1グループである傾向にあり、しかもその人材は、現職の校長あるいは副校長であることが多くなっている。そして、現職の校長や副校長が校長でありつづけるモチベーションとなっているのは、校長という立場への満足感や学校コミュニティに対する愛着であるということが示唆された。

　第3に、現場ではどのように受け止められているのかについては、「民主的」な方法として、肯定的な評価を受けているといえる。しかし、一方で、立候補者が票獲得のために子どもにプレゼントを渡すなど、児童生徒や保護者受けの良いキャンペーンをおこなっているというような問題点も明らかとなった。また、選挙キャンペーンの時間的拘束や身体的負担といった非効率性の問題も指摘されており、直接選挙がもつ非効率性という問題点がやはり実際にも認識されている。

　以上のことから、パラー州の公教育のなかにおける校長直接選挙の実践を考えると、地域社会に存在する限られた有資格者（高学歴者）を校長へ抽出するように機能していることが明らかとなる。パラー州のように、社会的発展が進んでいない地域においては、高等教育への進学自体がごく一部の人たちに限られており、そういったなかで教員養成や学校運営者養成を受けている人材はいっそう、貴重な存在である。一方で、校長職が給与面からみても魅力的でないという現実があり、有資格者は教員や教育専門士といった別の職種との兼務や、給料の良い私立学校での勤務が選ばれやすくなっている。こうした状況下で、校長直接選挙は、地域社会に潜在する校長の有資格者を

抽出し、校長に採用するように機能しているといえる。

おわりに

　本章では、ブラジルの校長直接選挙について、パラー州を事例に、社会的経済的な困難を抱える地域における実践について検討した。2009 年から本格的に導入されたパラー州の校長直接選挙は、2014 年に法令化されたものの、実際にはその実施は約 1 〜 3 割程度に留まっている。その要因としてみえてきたのは、適切な校長直接選挙を実施するために設定された基準に対応できない学校があるということである。その要因には、パラー州の経済水準や教育水準の低さと関連して、学校設備が不十分であることや、学校評議会が適切に機能していないこと、校長直接選挙に立候補できるような人材が十分確保できていないということがあった。また、現職の校長の継続に合意が得られている学校もあり、校長直接選挙を実施することへのニーズがないという状況が存在している。一方、パラー州で主流となっている指名による校長採用には、先行研究で指摘されてきたような政治的要因によって就任したケースもあるものの、それが一概に学校でネガティブな状況を生みだしているわけではないことも確認された。こうしたなか、パラー州における校長直接選挙制度は、その地域社会に潜在する校長の有資格者を抽出するように機能していると捉えられた。

注
1　2014 年 8 月 20 日実施のパラー州教育局担当者への聞き取り調査および 2017 年 3 月 28 日実施のパラー州教育局職員 Valdo Luiz dos Santos Gaspar 氏への聞き取り調査より。
2　2017 年 3 月 28 日実施のパラー州教育局職員 Valdo Luiz dos Santos Gaspar 氏への聞き取り調査より。
3　de Oliveira et.al. は、2009 年から 2010 年にかけて、パラー州で校長直接選挙を実施した学校が、全州立学校の約 30% にあたる 414 校に留まったと指摘している（de Oliveira, Ney Cristina Monteiro, de Souza, Orlando Nobre Bezerra, Coelho, e Maria do Socorro da Costa. *A Democratização da Gestão Educacional: O Desafio da Institucionalização*

de Dinâmicas Democráticas na Secretaria de Estado de Educação do Pará. III Seminário de Educação Brasileira, CEDES (Centro de Estudos Educação e Sociedade), 2011, p. 396)。

4　2017 年 3 月 3 日実施の在校事務所第 10 管轄区域の担当者 Ana Cristina 氏への聞き取り調査より。

5　他にも、特別な配慮を必要とする子どもが在籍するにもかかわらず、彼らに対応した学校設備（部屋や机、椅子など）がなく、州教育審議会から認められなかったケースもある。

6　2017 年 3 月 28 日実施のパラー州教育局職員 Valdo Luiz dos Santos Gaspar 氏への聞き取り調査では、校長直接選挙への立候補の条件について、つぎのような見解を得ている。それは、連邦の方針においては、校長直接選挙に立候補する条件の 1 つとして、学校運営学を専攻していることが条件となっているが、パラー州においては、学校運営学に特化せず、教育関連の教員養成課程を修了していれば、校長直接選挙に立候補することができるということである。理由としては、パラー州には、教員などが少ない地方の州立学校も多く、またベレン市であっても同様に学校運営学を専攻した教員養成課程修了者は少ないため、最低でも教育関連の教員養成課程修了していることを校長直接選挙に立候補条件としている。州教育局も学校運営を良くするために、今後、学校運営学を専攻した教員養成課程修了者が校長直接選挙に出馬することを条件とする動きがあるが、現在は義務化されていない。州知事や教育局長も、そのことは認識しているという。しかし、こうした見解とは別に、在校事務所においては、学校運営学を専攻していないものは、校長直接選挙に出馬する資格がないと判断している。

7　2014 年 2 月 20 日実施のベレン市教育局局長 Socorro Aquino Coutinho 氏への聞き取り調査より。

8　ベレン市の場合、校長直接選挙に加え、審査として、面接と筆記試験を課している。面接においては、事前に提出された教育プロジェクトについての質疑応答をおこなったり、校長職に応募した動機や考えなどを審査したりする。また、筆記試験においては、学校運営に関する専門性について審査する。

9　2014 年 7 月 18 日実施のイガラペアスー市教育局局長 Tereza Cristina Augusto Maria 氏への聞き取り調査より。

10　INEP. SAEB (ANEB/Prova Brasil) 2015 年のマイクロデータより（http://inep.gov.br/microdados　2018 年 3 月 13 日参照）。

11　たとえば、ブラジル地理統計院（IBGE）が 2006 年 9 月に発表した 6 大首都圏月間雇用調査では、高学歴になるほど、白人と非白人との賃金格差が大きくなっていることが示された。このような所得の差が生まれる理由の 1 つには、非白人を社会経済から除外しようとする古い観念が依然として存在していることが指摘されている（労働政策研究・研修機構　国際労働トピック 2007 年 1 月　http://www.jil.go.jp/foreign/jihou/2007_1/brazil_01.html　2018 年 3 月 17 日参照）。

12　ノンパラメトリックな多重比較の Steel 検定をおこなった。

13　ブラジル地理統計院（IBGE）がおこなう国勢調査（Censo Demográfico）の 2010

年のデータより（https://censo2010.ibge.gov.br/resultados.html　2018 年 3 月 13 日参
照）。

14　注 1 に同じ。

15　第 3 次調査で新たに調査対象に加えたベレン市の学校は、国家教育調査研究所
（INEP）の全国学校調査の 2013 年度の結果から、ベレン市で校長直接選挙を実施
している学校を抽出し、訪問して、調査協力を得られた学校である。また、イガ
ラペアスー市の学校は、イガラペアスー市教育局長 Tereza Cristina Augusto Maria 氏
に選出してもらった。

16　2015 年の 1 人あたりの国内総生産では、ベレン市が 20,340.21 レアル（約
6,160 ドル：2018 年 3 月 17 日の外国為替相場で換算）であるのに対し、イガラ
ペアスー市は 8,008.51 レアル（約 2,430 ドル：2018 年 3 月 17 日の外国為替相場
で換算）である（ブラジル地理統計院（IBGE）https://www.ibge.gov.br/estatisticas-
novoportal/economicas/contas-nacionais/9088-produto-interno-bruto-dos-municipios.
html?=&t=destaque　2018 年 3 月 17 日参照）。

17　ブラジルの大学院課程には、修士号や博士号の学位が取得できるストリクト・
センス（Stricto Sensu）コースの他に、特定の分野の修了書（Certificado）が取得で
きるラト・センス（Lato Sensu）コースがある。後者に関しては、特定の職業に関
連した講座が短期間（1 〜 2 年）で開講されている。

18　筆者が 2017 年 3 月にパラー州でおこなった教員へのアンケート調査（対象者：
公立の初等中等学校 6 校、教員 46 名）においても、「将来、校長になりたいか」と
いう質問に対し、約 8 割（46 名中 36 名）が、「いいえ」と答えている。

19　IBGE, Censo Demográfico 2010.（http://www.ibge.gov.br/Home/estatistica/populacao/
censo2010/　2017 年 3 月 29 日参照）

終　章

ブラジルで校長直接選挙が実践されることの意味

はじめに

　本書はつぎのような問題関心が出発点となっている。それは、ブラジルの校長直接選挙制度は、果たして、校長として適切な人材を選考できているのか。そして、なぜこのような制度を用いて、校長を採用しているのだろうか、というものである。この疑問に答えるため、本書では、つぎのように論を進めてきた。第1章では、ブラジルにおける校長像を検討した。そのうえで、第2章において、諸外国における校長採用制度を検討し、校長採用制度における教職員、保護者、児童生徒の参加の論理を考察するとともに、ブラジルの校長直接選挙制度の特殊性として、①直接選挙制が用いられる点、②子ども1人ひとりが参加している点、③行政の専門的指導性が不在のようにみえる点を指摘した。第3章以降では、これら3つの特殊性について、歴史的経緯（第3章）と、制度的内容（第4章）、実態（第5章と第6章）から検討するとともに、その機能を考察した。本章では、これまでの議論を整理したうえで、それらを総合的に検討し、ブラジルで校長直接選挙が実践されることの意味を明らかにする。

1　ブラジルにおける校長直接選挙制度の歴史的経緯

　本書の第1の課題は、校長直接選挙の歴史的経緯を明らかにすることであった。第2章で明らかにしたように、校長直接選挙は、学校教育への政

治介入を排除し、学校における民主主義を確立するものとして、ブラジルで生まれた思想・実践に影響を受けながら誕生し、1990 年代以降、学校の民主的な運営を具現化する制度として、普及したとみることができた。

　ブラジルでは伝統的に、政治的な利害関係にもとづいた校長人事がおこなわれ、学校を運営するという本来の任務に適さない人材が校長に就任することが少なくなかった。こうしたなか、1950 年代頃からの工業化を背景に、校長直接選挙の誕生につながる思想・実践が展開した。それは、カトリック教会の活動や解放の神学、民衆教育とパウロ・フレイレの教育、社会運動の思想・実践である。これらは、貧困層や女性といった、社会的に抑圧を受けていたものの権利を訴え、その主体性を尊重し、直接参加を好む思想・実践であった。校長直接選挙制度はまさに、こういったブラジルで生まれた思想・実践を学校に反映させた制度として 1980 年代の民主化の動きのなかで誕生したものだと捉えられた。つまり、校長直接選挙制度の特殊性である①直接選挙制と、②子ども 1 人ひとりが参加することについては、カトリック教会を基盤としたブラジルに潜在する思想・実践の影響を受け、形成されたもの、そして③選考における行政の専門的指導性が不在にみえる点については、校長直接選挙制度の導入初期においては、校長の専門性確保の問題よりも、校長が政治的に採用される点が最大の関心事であり、行政の専門的指導性は求められていなかったものと考察された。

　このように誕生した校長直接選挙制度は、民政移管後、教育改革が進められるなか、民主的な学校運営を実現する制度として、公教育のなかに取り入れられていった。校長直接選挙制度の導入と展開には、民主主義の実践として校長直接選挙を要求しつづけている教員組合と、その要求を政策に取り入れることで選挙を有利に進めようする政治家との駆け引きのなかで展開されたとみなすことができた。

2　ブラジルにおける校長直接選挙制度の現状

　本書の第 2 の課題は、校長直接選挙の現状を明らかにすることであった。

第3章での校長直接選挙の制度的検討、第5章と第6章でのパラナ州とパラー州における校長直接選挙の実践的検討をふまえて、校長直接選挙の特殊性について検討すると、つぎのように整理できる。

①直接選挙制を用いている点

ブラジルの校長直接選挙の大原則ともいえる、教員、職員、保護者、児童生徒が1人1票を投票するという直接選挙制は、1980年代から30年以上経った現在に至るまで変わることなく維持されてきた。第5章と第6章で明らかにしたように、パラナ州やパラー州の教育行政や校長への聞き取り調査からは、直接選挙制であることは民主的であり、望ましい方法であるとの認識がなされている。つまり、直接選挙制を用いることは、現在のブラジルの公教育において、市民権を得ており、教育行政からも、学校からも望まれているあり方であるとみなすことができるだろう。

だだし、直接選挙制がもつ問題点として、選挙プロセスに費やさなければならない時間的、身体的負担といった非効率性が指摘されている。しかし、それを理由とした直接選挙制への反対の風潮はなく、むしろ、そのような負担を背負ってでも、直接選挙制によって教員、職員、保護者、児童生徒が校長を選ぶことのメリットは、少なくとも、校長の間で共有されている。

②子ども1人ひとりが参加している点

パラナ州では16歳以上、パラー州では12歳以上の児童生徒に校長直接選挙に参加する権利が付与されている。こうした児童生徒の参加に対する否定的な声は、教育行政からも学校からも聞かれなかった。現地調査のなかで、もっとも教育的、経済的水準の低かったパラー州イガラペアス市の校長からは、12歳が幼過ぎるかもしれないといった懸念が示されたが、それでも年齢を引きあげれば参加できる子どもの数が減ってしまうことの危惧も示された。このように子どもが参加すること自体に対する問題意識はほぼ皆無であるといっていいだろう。つまり、校長直接選挙制度にとって、子どもの参加は不可欠な要素としてみなされている。

　唯一、問題が指摘されたとすれば、立候補者が実現不可能な公約を児童生徒に提示した場合において、児童生徒が公約の実現可能性を適切に判断し得ないことである。また、それと関連し、子どもが支持する校長を、保護者もそのまま支持してしまうことがおこっている。しかし、こうした問題点も、また、子どもを校長直接選挙から排除する風潮にはつながっていない。むしろ、子どもの参加は必要であり、子どもや保護者が適切に判断できるような制度づくりが求められている。

③行政の専門的指導性が不在にみえる点

　校長直接選挙は、教員、職員、保護者、児童生徒が参加する大がかりな校長選考であり、学校には、それをおこなうためのある程度の運営能力が求められる。このことに対し、第5章と第6章をとおし、パラナ州のように、ブラジルのなかでも社会的、経済的、教育的水準の高い場合においても、パラー州のように社会的、経済的、教育的水準の低い場合においても、教育行政は各学校の運営能力、特に会計管理に着目して、各学校の校長直接選挙の実施能力をみさだめていることが明らかとなった。また、第4章で確認した校長直接選挙の運営体制や立候補条件といった校長直接選挙の規定が、実際にも厳密に運用されており、行政の指導が有効に働いていると判断できた。さらに、最近の動向としては、校長直接選挙が単なる採用プロセスに留まるのではなく、就任前あるいは後の研修までも含められるようになり、新たな役割が付与されている。このように、校長直接選挙にはさまざまなかたちで、制度そのものに行政による管理・統制が組み込まれている。これによって、選ばれる校長の学歴や資格の観点からみても、競争試験や指名に引けをとらない、むしろ、校長直接選挙の方が、校長の学歴の点で優秀な人材を確保できているのである。

3　ブラジルにおける校長直接選挙制度の機能

　以上の校長直接選挙制度の現状から、校長直接選挙制度には、つぎの3つ

の機能があると考察された。

　1つめは、校長職のなり手が少ないなかで、学校と校長の双方が不本意に校長に就任することを防ぎ、学校コミュニティから信頼され、校長としてもその学校の校長に就任しても良いと思うような人材を開拓するように機能している点である。両州ともに、校長直接選挙をとおして、教職員および保護者からの信頼を得ている人物が選出されており、しかもその後、数期に亘り校長を継続している傾向にあることが明らかとなった。従来の教育行政による指名では、権力者の意向を反映した人事がおこなわれ、学校現場の意向にそぐわない校長が就任する可能性が大きい。これと比較するならば、校長直接選挙は、多数の候補者のなかから人材を選出できているわけではないものの、少なくとも、学校現場と校長の双方にとって不本意とならないような人材を開拓するように機能していると捉えられる。

　2つめは、パラナ州のように社会的、経済的、教育的水準の高い場合において校長直接選挙は、その地域社会の教育ニーズを政治や行政へと反映するような人材を抽出するように機能していることが指摘できた。校長直接選挙で選ばれる校長は、教員や保護者、児童生徒からの支持を集め、数年から十数年、時にはそれ以上に亘り、学校運営に携わるような人物である。そして、そうした校長は一目置かれる存在であり、将来的には、教育行政や政治に関わる傾向にある。つまり、校長直接選挙は、地域社会からの人望を集め、地域社会のニーズを政治へと反映する代表を抽出していると捉えられるだろう。それは同時に、より専門的指導性を発揮できるような教育行政と政治との関係構築の一助となり得るものである。

　3つめは、パラー州のように社会的、経済的、教育的水準の低い場合においては、その地域社会に存在する限られた有資格者（高学歴者）を校長へ抽出するように機能しているといえる。社会的発展が進んでいない地域においては、高等教育への進学自体がごく一部の人たちに限られており、そういったなかで、教員養成や学校運営者養成を受けている人材は、いっそう貴重な存在である。現在でもパラー州において主流の校長採用方法となっている指名では、必ずしも不適切な人事がおこなわれているわけではないものの、依

然として政治的背景をもとに校長が採用され、教育行政や学校にとって望ましくはない校長が就任している。こうした指名が有するリスクと比較するならば、校長直接選挙は、その地域社会に潜在する有資格者を抽出し、校長養成を受けた人物を校長に採用するようにうまく機能していると捉えられる。

4　ブラジルで校長直接選挙が実践されることの意味

　以上のこれまでの議論をとおして、ブラジルの校長直接選挙制度が民衆レベルでの思想・実践から構築された制度であり、それが、現在のブラジルの公教育のなかで受容されていることが明らかとなった。そして、校長直接選挙の実践は、より望ましい学校運営がおこなわれることに寄与しているといえる。それは、学校に関わる1人ひとりの意見が取り入れられる直接選挙制だからこそ、もたらされる成果であるといえるだろう。というのも、ブラジルには、直接参加による意思決定を民主主義の理想のあり方として求め、実践してきた歴史があるからである。学校という共同体のリーダーを、その構成員による直接選挙で選ぶ制度はまさに、ブラジルで望まれてきたブラジルなりの理想の民主主義の実践である。つまり、教員、職員、保護者、児童生徒が直接参加して、校長を選ぶというプロセスそのものに、社会的価値が置かれているのである。それが、ブラジルで校長直接選挙が実践されつづける意味であると結論づけられる。

おわりに

　本章では、第1章から第6章までの議論を総合的に検討することで、ブラジルで校長直接選挙が実践されつづける意味を考察した。これまでのブラジルの校長直接選挙制度に関する歴史的検討と、現状の検討を総合的に考えあわせた結果、校長直接選挙制度には、ブラジルで望まれてきた、ブラジルなりの理想の民主主義の実践であることに、その意味があると結論づけられた。

　こうした本書におけるブラジルの校長直接選挙の分析をとおして、以下の 3 点を提示することができる。1 つめは、校長任用における保護者の直接参加の有効性の提示である。荒井は、校長採用における日本の教育委員会の閉鎖性の問題を指摘しつつ、保護者や地域住民の直接参加による校長採用の必要性を主張している[1]。これに対し、本書では保護者の直接参加による校長採用が校長の業務遂行に有効に働いていることを示した。このことは、日本の校長採用における保護者の直接参加の可能性を検討する際の、一材料となると考える。

　2 つめは、保護者の学校参加に関連する、ラテンアメリカ地域における民主的価値観の提示である。OECD 教育研究革新センターは、保護者の学校参加の意味として、それが民主的価値とみなされていることを指摘している[2]。ただし、本書の第 1 章で明らかにしたように、現実的には、欧米諸国でみられるように、それは間接民主主義というかたちで実現されている。これに対し、本書では、ブラジルではそれが直接民主主義というかたちで実現されており、制度的にも、実践的にも定着していることを明らかにした。これが、欧米地域とラテンアメリカ地域の違いであるかは、憶測の域を脱しないが、少なくとも、ブラジルではそのような事実があることが示された。このことは、欧米地域とラテンアメリカ地域の保護者の学校参加を比較する際に、ラテンアメリカ地域の教育における民主的価値観について、1 つの視座を提示するものであると考える。

　3 つめは、ブラジルの教育観の提示である。これまでパウロ・フレイレに代表されるブラジルの教育思想や理念の研究が主流である日本のブラジル研究に対し、本書では校長直接選挙というブラジルの教育制度を分析した。こうしたブラジルの教育制度を提示できたことは、保護者や児童生徒 1 人ひとりを教育における意思決定の主体者と捉え、尊重するブラジルの教育観を理解する 1 つの契機となったと考える。

　最後に、本書の限界と今後の課題を示しておく。序章でも述べたとおり、ブラジルの校長直接選挙制度には、議会、司法、行政、そして学校が関わっている。しかし、本書では、学校に関して、保護者や地域住民、児童生徒の

視点が欠如している。そのため、彼らにとっての校長直接選挙制度の意味は捉えきれていない。したがって、それらの視点をふまえた調査をおこない、校長直接選挙制度の意味をさらに理解することを今後の課題としたい。

注

1　荒井文昭『教育管理職人事と教育政治：だれが校長人事を決めてきたのか』大月書店、2007 年。
2　OECD 教育研究革新センター（著）・中嶋博・山西優二・沖清豪（訳）『親の学校参加：良きパートナーとして』学文社、1998 年、32-33 頁。

引用文献

〈日本語文献〉

アスティゲタ，ベルナルド「解放の神学：グスタボ・グティエレスを中心に」今井圭子（編著）『ラテンアメリカ　開発の思想』日本経済評論社、2004 年、177-194 頁。

荒井文昭『教育管理職人事と教育政治：だれが校長人事を決めてきたのか』大月書店、2007 年。

有倉遼吉・天城勲『教育關係法Ⅱ』日本評論新社、1958 年。

イシ，アンジェロ『ブラジルを知るための 56 章』（第 2 版）明石書店、2010 年。

市川昭午『教育行政の理論と構造』教育開発研究所、1980 年。

市橋秀夫（訳）「解放の神学と草の根：キリスト教基礎共同体とラテンアメリカの未来」『新日本文学』第 458 号、1985 年、29-40 頁。

今井圭子（編著）『ラテンアメリカ　開発の思想』日本経済評論社、2004 年。

植田みどり「イギリス地方教育行政改革の研究：学校への経営支援における地方当局の機能を中心に」『学校経営研究』第 38 号、2013 年、48-78 頁。

江原裕美・田島久歳「資料　ブラジル連邦共和国の教育基本法」『帝京法学』第 21 巻、第 1 号、1999 年、13-57 頁。

江原裕美「1990 年代ブラジルの初等教育改革政策」『帝京大学外国語外国文学論集』第 10 号、2004 年、65-98 頁。

江原裕美「ブラジル初等教育改革における分権化と学校自律性の強化」『帝京大学外国語外国文学論集』第 11 号、2005 年、57-92 頁。

江原裕美「ブラジルにおける初等教育の地方分権化」米村明夫（編著）『貧困の克服と教育発展：メキシコとブラジルの事例研究』明石書店、2007 年、179-210 頁。

OECD 教育研究革新センター（著）・中嶋博・山西優二・沖清豪（訳）『親の学校参加：良きパートナーとして』学文社、1998 年。

大串和雄『ラテンアメリカの新しい風：社会運動と左翼思想』同文舘出版、1996 年。

岡部遊志「フランスにおける地方分権と地域開発政策の変容」『経済地理学年報』第 55 巻、第 3 号、2009 年、253-266 頁。

小島弘道（編著）『校長の資格・養成と大学院の役割』東信堂、2004 年。

小島弘道・露口健司・淵上克義『スクールリーダーシップ』学文社、2010 年。

オッペンハイマー，アンドレス（著）・渡邉尚人（訳）『ラテンアメリカの教育戦略』時事通信社、

2014 年。

小野田正利「フランスにおける複雑・多様化する教育課題と学校管理職の研修体制の整備」小島弘道（編著）『校長の資格・養成と大学院の役割』東信堂、2004 年、347-359 頁。

葛西耕介「執行部制度を導入したイギリス地方教育行政の現在：直接公選市長、地方議員、子どもサービス局長らへのインタビューを通じて」『東京大学大学院教育学研究科紀要』第 53 号、2014 年、285-298 頁。

梶間みどり「（第 2 章）イギリス　（一節）公教育経営の構造転換」日本教育経営学会（編）『諸外国の教育改革と教育経営』（シリーズ　教育の経営 6）玉川大学出版部、2000 年、27-36 頁。

国本伊代・中川文雄（編）『ラテンアメリカ研究への招待』新評論、2005 年。

国本伊代（編）『ラテンアメリカ 21 世紀の社会と女性』新評論、2015 年。

黒澤直俊「ブラジルの言語」富野幹雄・住田育法（編）『ブラジル学を学ぶ人のために』世界思想社、2002 年、176-204 頁。

小池洋一「開発と環境保護への取り組み」富野幹雄・住田育法（編）『ブラジル学を学ぶ人のために』世界思想社、2002 年、26-50 頁。

小池洋一・西沢利営・堀坂浩太郎他（監修）『現代ブラジル事典』新評論、2005 年。

国立教育政策研究所(編)『教員環境の国際比較：OECD 国際教員指導環境調査(TALIS) 2013 調査結果報告書』明石書店、2014 年。

小松郁夫「イギリスにおける学校管理職養成の政策とシステム」小島弘道（編著）『校長の資格・養成と大学院の役割』東信堂、2004 年、303-316 頁。

相良惟一・高木英明・清水俊彦・兵頭泰三・村田鈴子「教育行政における集権・分権の問題（I）」『教育学研究』第 27 巻、第 1 号、1960 年、47-59 頁。

佐藤美由紀『ブラジルにおける違憲審査制の展開』東京大学出版会、2006 年。

篠田武司・宇佐見耕一（編）『安心社会を創る：ラテン・アメリカ市民社会の挑戦に学ぶ』新評論、2009 年。

篠原清昭（編著）『世界の学校管理職養成』ジダイ社、2017 年。

末松裕基「イギリスの学校管理職養成」篠原清昭（編著）『世界の学校管理職養成』ジダイ社、2017 年、121-138 頁。

菅原和行『アメリカ都市政治と官僚制：公務員制度改革の政治過程』慶應義塾大学出版会、2010 年。

住田育法「ブラジルの政治文化」富野幹雄・住田育法（編）『ブラジル学を学ぶ人のために』世界思想社、2002 年、112-130 頁。

住田育法「ブラジル」国本伊代・中川文雄（編）『ラテンアメリカ研究への招待』新評論、2005 年、301-344 頁。

高山敬太「世界の教育事情 ブラジル・ポートアレグレにおける学校民主化の取り組み：『市民学校』プロジェクト」日本教育新聞社（編）『週刊教育資料』第 805 号（2003 年 6 月 9 日号）、2003 年、14-15 頁。

田口富久治・小野耕二（編）『現代政治の体制と運動』青木書店、1994 年。

田所清克『ブラジル雑学事典』春風社、2016 年。

田村徳子「ブラジルにおける校長直接選挙の意義と課題：パラ州イガラペアスー市の事例」
　　『教育行財政研究』第 42 号、2015 年、43-45 頁。

田村梨花「ブラジル都市貧困地域におけるコミュニティ教育」アジア経済研究所ラテンア
　　メリカ・レポート編集委員会（編）『ラテンアメリカ・レポート』Vol.17、No.1、2000 年、
　　40-50 頁。

田村梨花『ブラジルのコミュニティ教育：NGO による教育活動の質的理解をめざして』
　　上智大学イベロアメリカ研究所（ラテンアメリカ研究、No.21）、2001 年。

田村梨花「カトリック教会の政治的な活動」ブラジル日本商工会議所（編）小池洋一・
　　西沢利営・堀坂浩太郎他（監修）『現代ブラジル事典』新評論、2005 年、61-62 頁。

田村梨花「識字率の推移」ブラジル日本商工会議所（編）小池洋一・西沢利営・堀坂
　　浩太郎他（監修）『現代ブラジル事典』新評論、2005 年、246-247 頁。

田村梨花「NGO による教育実践と子どものエンパワーメント：ブラジルの事例から」篠田
　　武司・宇佐見耕一（編）『安心社会を創る：ラテン・アメリカ市民社会の挑戦に学ぶ』
　　新評論、2009 年、175-201 頁。

田村梨花「ブラジルにおける包括的教育の概念と実践に関する一考察」『ラテン・アメリカ
　　論集』第 49 号、2015 年、61-78 頁。

露口健司『学校組織のリーダーシップ』大学教育出版、2008 年。

富野幹雄・住田育法（編）『ブラジル学を学ぶ人のために』世界思想社。

中留武昭『学校文化を創る校長のリーダーシップ：学校改善への道』エイデル研究所、
　　1998 年。

二井紀美子『ブラジル民衆教育運動研究：パラノア文化発展センターにみる運動の組織
　　化と参加者の変容を中心に』（博士論文）、名古屋大学、2003 年。

西井麻美「ブラジルにおける 1967 年憲法から 1988 年憲法への移行に伴う基礎教育政策
　　の転換：社会発展の観点に着目して」『ノートルダム清心女子大学紀要．文化学編』第
　　20 巻、第 1 号、1996 年、15-23 頁。

日本教育経営学会（編）『諸外国の教育改革と教育経営』（シリーズ　教育の経営 6）
　　玉川大学出版部、2000 年。

野元弘幸「グローバル時代のブラジルの教育」富野幹雄・住田育法（編）『ブラジル学
　　を学ぶ人のために』世界思想社、2002 年、131-152 頁。

羽田貴史・金井徹「国立大学長の選考制度に関する研究：選挙制度の定着と学長像」『日
　　本教育行政学会年報』第 36 巻、2010 年、158-175 頁。

浜田博文「アメリカ教育改革における校長職の役割変容に関する一考察：校長の資質
　　向上をめぐる改善動向の検討を通して」『日本教育経営学会紀要』第 31 号、1989 年、
　　52-68 頁。

浜田博文「アメリカ学校経営における共同的意思決定の実態と校長の役割期待：ケンタッ
　　キー州における SBDM（School-Based Decision Making）の分析を中心に」『筑波大学
　　教育学系論集』第 24 巻、第 1 号、1990 年、23-34 頁。

浜田博文「アメリカにおける『学校の自律性確立』に向けた校長養成の改革」小島弘道（編

著）『校長の資格・養成と大学院の役割』東信堂、2004 年、273-287 頁。

浜田博文『「学校の自律性」と校長の新たな役割』一藝社、2007 年。

平井貴美代「職能開発システムとしての校長会の歴史と課題」小島弘道（編著）『校長の資格・養成と大学院の役割』東信堂、2004 年、25-38 頁。

ブラジル日本商工会議所（編）・小池洋一・西沢利栄・堀坂浩太郎他（監修）『現代ブラジル事典』新評論、2005 年。

フレイレ，パウロ（著）・三砂ちづる（訳）『新訳 被抑圧者の教育学』亜紀書房、2011 年。

フレイレ，パウロ（著）・里見実（訳）『希望の教育学（第三版）』太郎次郎社エディタス、2011 年。

米国教育施設団（著）・国際特信社（訳）『米国教育施設団報告書：マックアーサー司令部公表』国際特信社、1946 年。

堀坂浩太郎『転換期のブラジル：民主化と経済再建』サイマル出版会、1987 年。

待鳥聡史『代議制民主主義：「民意」と「政治家」を問い直す』中央公論新社、2015 年。

松下冽『現代ラテンアメリカの政治と社会』日本経済評論社、1993 年。

松下冽「ラテンアメリカにおける労働運動の再構築：ブラジル労働運動と労働者党の挑戦」田口富久治・小野耕二（編）『現代政治の体制と運動』青木書店、1994 年、251-280 頁。

松下冽「ネオリベラル型グローバリズムと反グローバリズムを超えて（下）：途上国の参加と民主主義の視点から」『立命館国際研究』第 16 号、第 3 巻、2004 年、317-338 頁。

松下冽「ブラジルにおける参加・民主主義・権力：労働者党とローカル政府への参加型政策」『立命館国際研究』第 18 号、第 3 巻、2006 年、687-700 頁。

水島治郎『ポピュリズムとは何か：民主主義の敵か、改革の希望か』中央公論新社、2016 年。

水本徳明「イギリス教育改革における学校経営の位置と課題：校長選考制度改革の分析を通じて」『日本教育経営学会紀要』第 30 号、1988 年、124-137 頁。

三田千代子「岐路に立つブラジルのカトリック教会」『ラテンアメリカ・レポート』Vol.8、No.3、1991 年、11-19 頁。

三田千代子「ブラジル：ジェンダー格差克服の挑戦」国本伊代（編）『ラテンアメリカ 21 世紀の社会と女性』新評論、2015 年、75-94 頁。

文部科学省（編）『諸外国の教育行財政：7 か国と日本の比較』ジアース教育新社、2013 年。

文部科学省（編）『世界の学校体系』ぎょうせい、2017 年。

安田隆子『教育委員会：その沿革と今後の改革に向けて』『調査と情報』No.566、2007 年。

矢谷通朗（編訳）『ブラジル連邦共和国憲法：1988 年』（経済協力シリーズ、第 154 号）アジア経済研究所、1991 年。

山口アンナ真美『Paulo Freire and the Challenge to Change Public Schools : The Influence of the Experience with the Municipal Schools of Sao Paulo on Freirean Conceptualization of Education（パウロ・フレイレと公教育変革の挑戦：フレイレの教育概念におけるサン・パウロ市立学校実践の影）』（博士論文）、北海道大学、2002 年。

山口アンナ真美・塚原修一「ブラジル高等教育における全国学力試験 ENADE をめぐる対応事例」『大学教育学会誌』第 39 巻、第 1 号、2017 年、135-143 頁。

山元一洋『ブラジルにおける公教育の民主化：参加をめぐる学校とコミュニティの関係』（ラ

テンアメリカ研究、No.37）上智大学イベロアメリカ研究所、2012 年。

乗浩子「解放の神学とキリスト教基礎共同体」ブラジル日本商工会議所（編）小池洋一・西沢利営・堀坂浩太郎他（監修）『現代ブラジル事典』新評論、2005 年、275-276 頁。

米村明夫（編著）『貧困の克服と教育発展：メキシコとブラジルの事例研究』明石書店、2007 年。

米村明夫・受田宏之「メキシコとブラジルの就学促進のための家計補助プログラム：評価研究の結果とその批判的検討」米村明夫（編著）『貧困の克服と教育発展：メキシコとブラジルの事例研究』明石書店、2007 年、37-75 頁。

和田昌親（編著）『ブラジルの流儀：なぜ「21 世紀の主役」なのか』中央公論新社、2011 年。

〈外国語文献〉

Andreotti, Azilde L., Lombardi, José Claudinei e Minto, Lalo Watanabe (org.). *História da Administração Escolar no Brasil: do Diretor ao Gestor* (2ª Ed.). Campinas- São Paulo: Editora Aliança, 2012.

Avritzer, Leonardo. *Democracy and the Public Space in Latin America*. New Jersey: Princeton University Prss, 2002.

Avritzer, Leonardo. *Participatory Institutions in Democratic Brazil*. Baltimore: Johns Hopkins University Press, 2009.

Bello, Melissa Colbert. *Professoras e Professores em Greve? Memórias do Congresso do Magistério Público do Paraná (1968)*. Dissertação (Mestrado em Educação), Universidade Federal do Paraná, 2013.

Berryman, Phillip. "Basic Christian Communities and the Future of Latin America." *Monthly Review*, Vol.36, No.3, 1984, pp.27-40.

Calça, Celina Ferreira. *Eleição de Diretor de Escolas e Gestão Democrática: Um Estudo de Caso*, Dissertação (Educação). Pontifícia Universidade Católica de São Paulo, 1993.

Canesin, Maria Tereza. *Um Protagonista em Busca de Interlocução: Um Resgate da História do Movimento de Professores da Rede Pública de 1º e 2º Graus em Goiás, na Conjuntura 1979/1989*. Tese de Doutorado, PUC-SP, São Paulo, 1993.

de Castro, Marta Luz Sisson, Werle, Flávia Obino Corrêa, e Garcia, Maria Mercedes. "Eleição de Diretores: A Experiência do Estado do Rio Grande do Sul." *Revista Brasileira de Administração da Educação*, Vol. 7, No. 1 e 2, 1991, pp.80-102.

Coelho, Maria do Socorro da Costa, *et. al. A Estrela de Várias Pontas: O Debate Inicial sobre as Políticas Sociais no Pará*. Belém: Paka-Tatu, 2009.

Corrêa, João Jorge. *As Eleições para Diretores na Rede Municipal de Ensino de Belo Horizonte no Período de 1989 a 1994*. Dissertação (Mestrado) – Fuculdade de Educação, Universidade Estadual de Campinas, 1995.

Cunha, Luiz Antônio. *Educação, Estado e Democracia no Brasil*. São Paulo: Cortez, 1991.

Dourado, Luiz Fernandes. *Democratização da Escola: Eleições de Diretores, um Caminho?* Dissertação (Mestrado em Educação Escolar Brasileira), Universidade Federal de Goiás,

Goiânia, 1990.

Editora Abril (Ed.) *Almanaque Abril: A Enciclopédia da Atualidade*. São Paulo: Editora Abril, 2004.

Façanha,Tainá Maria M. *O Sistema de Ensino Paraense e o Ensino de Música*. XXII Congresso Nacional da Associação Brasileira de Educação Musical. Natal: Rio Grande do Norte, 5 a 9 de Outubro de 2015.

Fundação Victor Civita. *Mapeamento de Prática de Seleção e Capacitação de Diretores Escolares*. Curitiba: Fundação Victor Civita, 2011.

Governo do Distrito Federal. *Lei n° 4.751*. 7 de Fevereiro de 2012.

Governo do Estado do Acre. *Lei n°1.513*. 11 de Novembro de 2003.

Governo do Estado do Bahia. *Decreto n° 13.202*. 19 de Agosto de 2011.

Governo do Estado do Ceará. *Decreto n° 29.452*. 24 de Setembro de 2008.

Governo do Estado do Goiás. *Lei n° 13.564*. 8 de Dezembro de 1999.

Governo do Estado do Mato Gross. *Lei n° 7.040*. 1 de Outubro de 1998.

Governo do Estado do Mato Grosso do Sul. *Lei n° 3.244*. 6 de Junho de 2006.

Governo do Estado do Minas Gerais. *Decreto n° 43.602*. 19 de Setembro de 2003.

Governo do Estado do Pará e Secretaria de Estado de Educação. *Portaria n° 04/2009–GS*. 2009.

Governo do Estado do Pará . *Lei n° 7.855*. 12 de Maio de 2014.

Governo do Estado do Paraíba. *Lei n° 7.983*. 10 de Abril de 2006.

Governo do Estado do Paraná. *Lei n° 14.261*. 26 de Novembro de 2003.

Governo do Estado do Paraná. *Lei n° 18.590*. 13 de Outubro de 2015

Governo do Estado do Paraná. *Resolução n° 3373*. 2015.

Governo do Estado do Pernambuco. *Decreto n° 38.103*. 25 de Abril de 2009.

Governo do Estado do Piaui. *Decreto n° 13.868*. 30 de Setembro de 2012.

Governo do Estado do Rio de Janeiro. *Lei n° 2.518*. 16 de Janeiro de 1996.

Governo do Estado do Rio Grande do Norte. Decreto n° 18.463. 24 de Agosto de 2005.

Governo do Estado do Rio Grande do Sul. *Lei n° 10.57*. 14 de Novembro de 1995.

Grindle, Merilee Serrill. *Despite the Odds: The Contentious Politics of Education Reform*. New Jersey: Princeton University Press.

Huber, Stephan "The Recruitment and Selection of School Leaders." Lumby, Jacky, Crow, Gary, and Pashiardis, Petros (Eds.). *International Handbook on the Preparation and Development of School Leaders*. New York and London: Routledge, 2008, pp.176-202.

INEP. *Mapa do Analfabetismo no Brasil*. Brasília: Ministério da Educação, 2003.

INEP. *Estudo Exploratório sobre o Professor Brasileiro: Com Base nos Resultados do Censo Escolar da Educação Básica 2007*. Brasília:INEP, 2009.

de Jesus Paes Loureiro, João. "Descentralização, Municipalização e FUNDEF no Pará." Sarmiento Gómez, Alfredo e Costa, Vera Lúcia Cabral et.al. (eds.), *Descentralização da Educação: Novas Formas de Coordenação e Financiamento*, São Paulo: FUNDAP/Cortez, 1999, pp.122-140.

Lumby, Jacky, Crow, Gary, and Pashiardis, Petros (Eds.). *International Handbook on the Preparation and Development of School Leaders*. Routledge: New York and London, 2008.

Marés Carlos. "Eleição de Diretores e Democracia na Escola". *Revista da ANDE*. Vol.3, No.6, 1983, pp. 49-50.

Morgan, Colin. "The Selection and Appointment of Heads." Hoyle, Eric, and McMahon, Stanley (Eds.) *World Yearbook of Education 1986: The Management of Schools*. London: Kogan Page, pp.153-163.

Myers, John P. "Democratizing School Authority: Brazilian Teachers' Perceptions of the Election of Principals." *Teaching and Teacher Education: An International Journal of Research and Studies*, Vol.24, No.4, 2008, pp.952-966.

OECD. *Classifying Educational Programmes Manual for ISCED-97 Implementation in OECD Countries* (1999 Edition). Paris: OECD Publications, 1999.

OECD. *PISA 2015 Results in Focus*. 2018. (https://www.oecd.org/pisa/pisa-2015-results-in-focus.pdf 2018 年 3 月 13 日参照)

de Oliveira, Ney Cristina Monteiro, de Souza, Orlando Nobre Bezerra, Coelho, Maria do Socorro da Costa. *A Democratização da Gestão Educacional: O Desafio da Institucionalização de Dinâmicas Democráticas na Secretaria de Estado de Educação do Pará*. III Seminário de Educação Brasileira, CEDES (Centro de Estudos Educação e Sociedade), 2011.

Palamidessi, M. *Sindicatos Docentes y Gobiernos: Conflictos y Diálogos en Torno a la Reforma Educativa en América Latina* (Documentos No.28 de PREAL). Santiago: PREAL, 2003.

Paro, Vitor H. "A Natureza do Trabalho Pedagógico." *Revista da Faculdade de Educação*. Vol.19, No.1, 1993, p.103-109.

Paro, Vitor H. *Eleição de Diretores: A Escola Pública Experimenta a Democracia*. São Paulo: Xamã, 2003.

Políticas Sociales en América Latina (SOPLA). *Sindicatos Docentes y las Reformas Educativas en América Latina: Brasil*. Rio de Janeiro: Fundação Konrad Adenauer, 2008.

dos Santos, Clóvis Roberto. *O Gestor Educacional de uma Escola em Mudança*. São Paulo: Thomson Pioneira, 2002.

Sarmiento Gómez, Alfredo e Costa, Vera Lúcia Cabral *et.al.*(eds.) *Descentralização da Educação: Novas Formas de Coordenação e Financiamento*. São Paulo: FUNDAP/Cortez, 1999.

Secretaria de Educação do Estado da Bahia. *Processo de Avaliação em Conhecimento em Gestão Escolar para Candidatos aos Cargos de Diretor e de Vice-Diretor de Unidades Escolares da Rede Estadual de Ensino do Estado da Bahia*. (http://www.cespe.unb.br/avaliacao/secba2011diretor/arquivos/EDITAL_CESPE__SEC_BA___DIRETOR_E_VICE___ABERTURA.PDF 2018 年 3 月 17 日参照)

UNESCO. *EFA Global Monitoring Report 2009. Education for All - Overcoming Inequality: Why Governance Matters*. Paris: UNESCO, 2008.

Wachowicz, Lílian A. *O Processo de Gestão das Escolas Estaduais de 1º e 2º Graus do Paraná*. (Trabalho Apresentado na VI Conferência Brasileira de Educação, São Paulo, 1991)

Curitiba, 1991.

Zabot, Nircélio. "Eleições para Diretores Escolares: Uma Importante Conquista Democrática." *Revista Brasileira de Administração da Educação*. Vol.2, No.1, 1984, pp.88-91.

Zientarski, Clarice. *Os Movimentos dos Educadores Brasileiros e os Caminhos da Democratização da Educação*. XIV Simpósio Brasileiro de Política e Administração da Educação III Congresso Interamericano de Política e Administração da Educação Universidade Federal do Espírito Santo Centro de Educação - Programa de Pós-Graduação (PPGE) 2009, Trabalhos Completos (Edição Revisada).（http://www.anpae.org.br/congressos_antigos/ simposio2009/61.pdf 2017 年 8 月 12 日参照）

〈ウェブサイト〉（すべて、2020 年 1 月 31 日最終確認）

朝日新聞　記事データベース　聞蔵IIビジュアル http://database.asahi.com/index.shtml

CIA（Central Intelligence Agency）　https://www.cia.gov/index.html

CNTE（全国教職員連盟）　http://www.cnte.org.br/

Folha de São Paulo　https://www.folha.uol.com.br/

Globo　https://www.globo.com/

法務省　http://www.moj.go.jp/

IBGE（ブラジル地理統計院）　https://www.ibge.gov.br/

INEP（ブラジル国家教育調査研究所）portal.inep.gov.br/

Ministério da Educação（MEC、ブラジル連邦教育省）　www.mec.gov.br/

文部科学省　http://www.mext.go.jp/

ニッケイ新聞　http://www.nikkeyshimbun.jp/

Notícias do Acre（アクレ州政府広報）　http://www.agencia.ac.gov.br/

Nova Escola　https://novaescola.org.br/

OEDC. The OECD Teaching and Learning International Survey (TALIS) 2013 Results - Excel Figures and Tables. http://www.oecd.org/educaion/school/talis-excel-figures-and-tables.htm

QEdu　http://www.qedu.org.br/

労働政策研究・研修機構　http://www.jil.go.jp/

Salario.com.br　https://www.salario.com.br/

Secretaria de Estado de Educação do Pará（SEDUC、パラー州教育局）　http://intranet.seduc.pa.gov.br/loginIntranet/index.php

Secretaria de Estado da Educação do Paraná（SEED、パラナ州教育局）　http://arq.e-escola.pr.gov.br/pss/inscricoes_PSS/

Supremo Tribunal Federal（STF、連邦最高裁判所）　http://www.portal.stf.jus.br/

UNESCO　Institute for Statistics.　http://data.uis.unesco.org/

あとがき

　「これを研究しないで何を研究する！」杉本均先生（京都大学大学院教育学研究科比較教育政策学コース・教授）のこの言葉が、本研究のはじまりである。あれは忘れもしない 2013 年 5 月 10 日。日本学術振興会特別研究員への応募申請書を杉本先生にみていただいていた時のことであった。当時の私は、修士課程まで取り組んでいたグアテマラ教育研究から一旦離れ、新たな研究テーマを模索している最中であった。あらゆる可能性を探るため、学校・家庭・地域社会の関係についての理論研究をしてみたり、アメリカのラティーノの教育研究をしてみたり、ブラジルの土地なし農民運動の共同研究に参加してみたりと、考えつくもの、縁がありそうなものに飛びついていた。でも、いずれにおいても、心から「やりたい」と思える研究テーマをみいだすことができなかった。杉本先生からいわれた「わくわくできなきゃ」という言葉は、私の胸に突き刺さるものであった。いったい私は何に「わくわく」できるのか。今、振り返ってみても胸が苦しくなるくらい、この時期は自分探しに悩む日々であった。そんななか、杉本先生が私に投げかけた問い。「ブラジルで何かおもしろい地域社会の学校参加はやっていないのか」。これに対し、ふと江原裕美先生（帝京大学・教授）の論文に書かれていた校長の選挙のことを思いだした。「校長先生をみんなで選挙して選んでいるらしいですけど…。」こんな何の気なしに口にした私の言葉に対して放たれたのが、冒頭の言葉である。その時私は博士課程 3 年。一般的にみれば、大学院生としては「遅すぎる」研究テーマとのであいであったはず。それにもかかわらず、校長直接選挙のテーマのおもしろさを説いていただき、その研究に邁進するよう、力強く導いてくださったのは、杉本先生ならではの鋭い勘が働いたからなのかもしれない。「一生をかけて研究できるテーマにであえたんだから」。あの時期に、「ブラジル」、「校長直接選挙」という新たな国とテーマを研究しはじめる勇気をもつことができたのは、間違いなく、この杉本先生の言葉があったからだろう。まさしく、杉本先生の辛抱強いご指導なしには本書は生

まれなかった。ブラジルの校長直接選挙研究に私を導いてくださった杉本先生には、感謝の言葉もない。

南部広孝先生（京都大学大学院教育学研究科比較教育政策学コース・教授）には、論文や申請書の書き方を丁寧にご指導いただいた。その指導時間は、1回に5時間を超えることも少なくなかったと思う。それにもかかわらず、当の私は、約束の場に何度「白紙」をもっていったことか。そんな不甲斐ない私を、南部先生は叱りつけるでもなく、無条件に温かく受け入れてくださった。南部先生の存在があったからこそ、私は研究者の道をあきらめず、めざし続けてこれたのだと思う。本書のテーマであるブラジルの校長直接選挙について、はじめて相談した時にいってくださった言葉。「それ、本にできますよ」。当時の私には、そんなことは想像すらできなかった。でも現にここに実現することができた。不思議なくらい、南部先生の言葉は「夢」を「現実」に変えてくれる力がある。そんな力をこんな私に絶えず注いていただいたことに、心より御礼申し上げる。

高見茂先生（当時、京都大学大学院教育学研究科比較教育政策学講座・教授）には、教育行政学概論の授業や、教育行政学のゼミ、関西教育行政学会において、教育行政学のイロハを教えていただいた。学部時代に国際協力の道を夢みていた私にとって、はずかしながら、教育行政の分野は未知の世界であった。修士課程1年生の時に受講させていただいた教育行政学を含め、博士課程まで仲間に入れていただいた教育行政学のゼミで展開される議論のなかで、いくど日本の教育行政のことを知らない自分を恥じたことだろうか。比較教育学者をめざすからこそ、日本の教育のことを知らなければならない。高見先生には、こんな根本的で、重要なことを教えていただいたように思う。さらに、共同研究のメンバーにも加えていただき、ニューヨークやロンドンといった先進的な教育現場をみせてくださったことは、自分の研究だけでは得られない教育を知る貴重な機会となった。服部憲児先生（京都大学大学院教育学研究科比較教育政策学コース・准教授）には、私の博士学位請求論文の審査委員をお引き受けいただき、教育行政学の観点から有益なご指導をいただいた。高見先生と同様、教育行政学のゼミや、関西教育行政学会をとおして、学ば

せていただいた教育行政学の知見は数知れず。一国の教育を議論するうえで、教育行政制度がいかに基盤となるのか、その重要性を教えていただいた。そして、もう１人、京都大学の教育行政学の先生としてお礼を申し上げたいのが、故金子勉先生（当時、京都大学大学院教育学研究科比較教育政策学講座・准教授）である。金子先生にご指導いただけた期間は約２年と、短いものであったが、いつも笑顔で楽しそうに議論されている金子先生のお姿は、今も脳裏に焼きついている。私のグアテマラのコーヒーを喜んでくださり、お返しにドイツのチョコレートをくださったことは、良き思い出として胸のなかにある。

　そして、比較教育学研究室と教育行政学研究室の先輩、後輩のみなさまにも、感謝の気持ちを送りたい。比較教育学研究室の先輩としては、馬場智子さんは、驚くほど私と重なる学歴をもつ先輩である。出身中学、高校、そして大学の講座まで、まったく同じ道筋を歩んでこられた。大阪大学人間科学部ボランティア人間科学講座出身の私が、京都大学大学院教育学研究科に進学するという目標をもつことができたのは、私より先にそれを成し遂げた馬場さんの存在があったからこそである。馬場さんとはじめておあいした大学５年生の時のことは今でも覚えている。「ご飯でも」と、京都大学の学食「カンフォーラ」で昼食を取りながら、進学相談をさせていただいた。今や、会話の内容を思い出すことはできないが、馬場さんとお話させていただいて、「私も京都大学の比較教育学研究室に進学したい」という希望をもったのは確かである。会計の時、「後輩に払ってあげて」と、私の分もかっこよく支払っていただいたことは今も記憶に残っている。この時、馬場さんにごちそうになったパスタランチ代は、約束どおり、ちゃんと後輩へとつなげている。工藤瞳さんは、同じラテンアメリカ研究者として、いつも切磋琢磨した仲である。礼儀正しい工藤さんは、年齢が１つ上の私に気を使いながら、私の面倒をみてくださった。いつも淡々とハイクオリティーな研究をされる工藤さんは、私にとっては、めざしてもたどりつけない遠い存在でありながら、いつも頼れる身近な存在であった。その他、森本洋介先輩、小原優貴先輩、市川桂先輩、竹腰千絵先輩、李霞先輩、隼瀬悠里先輩には、多く場面で支えて

いただいた。そして、教育行政学研究室の先輩としては、特に、桐村豪文先輩にお世話になった。耐震工事の関係で、同じ研究室で過ごさせていただいた修士課程の約半年間は、研究面においても、研究室運営においても大変有意義な時間であった。仲間思いの桐村先輩が企画する鍋パーティは、私の院生時代の数少ない青春の思い出である。そして、比較教育学研究室の後輩である関口洋平さん、中島悠介さん、渡辺雅幸さん、廖于晴さん、門松愛さん、白銀研五さん、教育行政学研究室の後輩である郭暁博さん、その他、ひとり一人の名前を挙げることができないが、比較教育学研究室と教育行政学研究室の後輩のみなさんに、お礼をいわせていただきたい。こんな頼りない先輩を支えてくれて、ありがとう。

　また、ラテンアメリカ研究者の先生にも感謝の意を表したい。比較教育学会で、いつも私の発表にアドバイスをくださる斎藤泰雄先生（国立教育政策研究所・名誉所員）。同じく、比較教育学会や京都大学での集中講義などで、ラテンアメリカの教育のことを教えていただいた江原裕美先生（帝京大学・教授）。ゼミや研究会の仲間に入れていただいた松久玲子先生（同志社大学・教授）。NGOエマウスをとおして、ブラジルやベレンの教育に関する情報共有をさせていただいた田村梨花先生（上智大学・教授）。その他、多くの知見や人脈を共有させていただいたラテンアメリカ研究者の先生方、ありがとうございました。

　私の就職先でお世話になった未来教育研究所、京都大学学際融合教育研究推進センター、びわこ成蹊スポーツ大学のみなさんには、温かい応援をいただいた。とりわけ、京都大学学際融合教育研究推進センターの同僚であり、京都大学の教育行政学研究室出身の江上直樹さん、柴恭史さんには、私一人では手のまわらない多くの業務をフォローしていただいたり、愚痴をわかちあったりしていただいた。また、びわこ成蹊スポーツ大学の教職員のみなさまには、新任である私に対して、多くのご配慮をいただいた。このような恵まれた職場に就職できたことは、私の人生の幸運であった。

　ブラジルでの現地調査でご協力していただいたみなさんにもお礼を述べたい。特に、飯村竜也さんには、治安の悪いパラー州でのアパート探しに力を

貸していただいたり、学校調査に快く車を出していただいたり、通訳という重役を担っていただいたりと、本当に語り尽くせないほどのご支援をいただいた。飯村さんの協力なくしては、ブラジルでの現地調査は実現できなかったといっても過言ではない。まさに、私にとって、かけがえのない協力者である。また、パラナ州での調査では、山下亮さまと山脇ジョウジさまに教育行政機関や学校への訪問調査のコーディネートをしていただいた。つてのないクリチバで調査できたのも、ひとえに、お二人のご協力があったからこそである。そして、ブラジルにおいて、私の調査にご協力いただいたすべての教育行政関係者および学校関係者のみなさま、ならびに滞在中お世話になったベレン、イガラペアスー、クリチバのみなさまに厚く御礼申し上げる。

　本書は平成31年度京都大学総長裁量経費・若手研究者出版助成事業による出版の助成を受けて刊行された。

　なお、本書は、私が京都大学大学院教育学研究科に提出した博士学位請求論文「ブラジルの校長直接選挙制度の機能に関する研究」(2018年3月提出、2018年7月学位授与) をもとに、加筆・修正をおこなったうえで刊行したものである。本書には、これまで発表した論文の成果が取り入れられている。各章の内容と関連する主な既発表論文はつぎのとおりである。

　　序　章　書き下ろし
　　第1章　書き下ろし
　　第2章　書き下ろし
　　第3章　田村徳子「ブラジルにおける校長直接選挙：行政的専門性確保
　　　　　と民主的コントロールの関係」『比較教育学研究』第54号、2017年、
　　　　　24-43頁。田村徳子「ブラジルパラ州における校長直接選挙の導入実
　　　　　態：2009年校長直接選挙を手がかりとして」『未来教育研究所紀要』
　　　　　第3号、2015年、235頁-244頁。
　　第4章　田村徳子「ブラジルの公立学校管理職採用制度のあり方：校
　　　　　長選考方法を中心に」『京都大学大学院教育学研究科紀要』第60号、
　　　　　2014年、85-96頁。

第 5 章　田村徳子「ブラジルにおける校長直接選挙：行政的専門性確保と民主的コントロールの関係」『比較教育学研究』第 54 号、2017年、24-43 頁。田村徳子「校長直接選挙への立候補理由：パラナ州の校長の語りからの分析」『びわこ成蹊スポーツ大学研究紀要』第 16 号、2019 年、21-33 頁。

第 6 章　書き下ろし

終　章　書き下ろし

　本書の刊行に当たっては、株式会社東信堂の下田勝司社長には多くのご助力をいただいた。こうして私の文章が 1 冊の本としてできあがったのは、ひとえに下田社長をはじめとする東信堂のみなさまのご尽力のおかげである。

　最後に、いつも私の心の支えとなってくれている父と母に、感謝の気持ちを述べたい。思い返せば、私が比較教育学という分野に進むきっかけを与えてくれたのは父と母であった。自身は海外旅行もしたことがないのに、あるいはしたことがないからなのか、私には世界を知るチャンスを与えてくれた。高校でのイギリス留学、大学での海外一人旅、そして 1 年のグアテマラ留学。決して心配ではなかったはずなのに、いつも私が望むことを応援してくれた。グアテマラやブラジルへ現地調査にいくときには、近所の神社で安全を祈り、お守りを買ってきてくれた。お守りをもらうたびに、私のようなじゃじゃ馬娘のことを思ってくれる両親のやさしさを感じた。今、私がこうして研究者として、世界を探求する職に就けているのは、間違いなく両親の支えがあったからこそである。これまでの両親の温かい愛情に対し、なかなか言葉に表現してこなかったからこそ、この場を借りて伝えたい。お父さん、お母さん、本当にありがとう。

　2020 年 2 月

田村　徳子

事項索引

人名索引

著 者

田村徳子 (たむら・のりこ)

1984 年生まれ。大阪大学人間科学部卒業。京都大学大学院教育学研究科博士後期課程修了。
博士（教育学）。比較教育学専攻。日本学術振興会特別研究員、京都大学京都大学学際融合教
育研究推進センター特定助教を経て、現在、びわこ成蹊スポーツ大学講師。

主な著書・論文

「ブラジルの教育」(『比較教育学原論』共編著、協同出版、2019 年)、「ブラジルにおける校
長直接選挙：行政的専門性確保と民主的コントロールの関係」(『比較教育学研究』第 54 号、
2017 年)、「グアテマラにおけるコミュニティ運営学校の展開と終焉の制度的要因」(『比較教
育学研究』、第 44 号、2012 年)。

ブラジルの校長直接選挙―教職員と保護者と児童生徒みんなで校長を選ぶことの意味　　〔検印省略〕

2020 年 3 月 25 日　初 版　第 1 刷発行　　＊定価はカバーに表示してあります。

著者 ⓒ 田村徳子　　発行者　下田勝司　　　　　　印刷・製本／中央精版印刷株式会社

東京都文京区向丘 1-20-6　郵便振替 00110-6-37828　　　　　発 行 所
〒 113-0023　TEL 03-3818-5521 (代)　FAX 03-3818-5514　　株式会社 東信堂

Published by TOSHINDO PUBLISHING CO., LTD.
1-20-6, Mukougaoka, Bunkyo-ku, Tokyo, 113-0023 Japan
E-Mail：tk203444@fsinet.or.jp　http://www.toshindo-pub.com

ISBN978-4-7989-1629-3　C3037　ⓒTAMURA Noriko

東信堂

〒113-0023　東京都文京区向丘1-20-6

※定価：表示価格（本体）＋税

TEL 03-3818-5521　FAX03-3818-5514　振替 00110-6-37828
Email tk203444@fsinet.or.jp　URL:http://www.toshindo-pub.com/